JN090618

Quoi de neuf ?

10 thèmes avec interviews vidéo de jeunes Français

J'habite seul en appartement.

Il y a toujours quelqu'un à l'appart avec qui discuter.

Je me sens très concerné par le climat.

Je ne sais pas exactement quoi encore.

J'achète des marques de seconde main.

Je suis étudiante en école vétérinaire.

Il faut qu'on s'entende bien.

Je n'aime pas trop les boîtes.

Je ressens de la discrimination.

Léna GIUNTA, Tomohiko KIYOOKA, Olivia BOISSEL

vidéos réalisées par Lucie LEFEBVRE

HAKUSUISHA

この教科書のインタビュー動画は、YouTube で視聴することができます。
(https://onl.bz/DypcWgB)
また、各課最初のページには、個別の QR コードも掲げてあります。

  この教科書の講読テキストの朗読音声は、白水社ホームページ
(http://www.hakusuisha.co.jp/download/) でダウンロード
あるいはストリーミングすることができます（お問い合わせ先：
text@hakusuisha.co.jp）。

表紙＆本文写真：© Shutterstock.com
p. 38：© romain-jorge / Shutterstock.com
p. 56：© JeanLucIchard / Shutterstock.com

装丁・本文レイアウト＆組版
mg-okada

インタビュー映像撮影・編集
Lucie Lefebvre

ナレーション
Georges Veyssière

はじめに

　フランスの若者たちは、何を考え、どんな暮らしをしているのか？　どんな恋愛をし、環境問題とどんな風に向き合い、どれほどのアルバイトをこなし、どんな就職活動を行なっているのか？　もしこんなことを伝える教科書があれば、同世代である日本の学生たちにとっても、きわめて刺激的であるにちがいない……。本書が作られたきっかけは、こうした気づきでした。そしてそれを、現代的かつ正統的な教育方法に沿って行なえば、語学教育的にも十二分な効果が期待できるはずです。

　そこでわたしたちは、フランスにいる二人の女子学生とコンタクトを取り、こうした趣旨を理解してもらった上で、若い世代へのインタビュー動画を作ってもらうことにしました（できあがった魅力的な動画は、すべて YouTube にアップされています）。インタビューでは、10 のテーマが選ばれています。上に挙げた恋愛やアルバイトのほかにも、SNS、住まい、エコロジー、音楽や映像、趣味、ファッション、そして差別問題まで、すべて「今のフランス」に関わるテーマばかりです。これらはすべて、フランスの若者たち、引いてはフランス社会を理解する上で、不可欠のテーマだと言えるでしょう。

　フランス語のレベルで言うと、本書 *Quoi de neuf?* は、きわめて広い層（A2-B2）に対応しており、大学の授業でも使いやすいものになっています。この使いやすさを支える具体的なポイントは以下の通りです；

- ・インタビュー動画はすべて、「字幕あり」と「字幕なし」の両方が用意されているので、クラスの状況や授業方針に合わせて使い分けが可能です（インタビューを受けているのは、各課、大学生を含む 6 人の若者で、年齢は 18 ～ 29 歳です）。
- ・聞きとりパート **REGARDER ET ÉCOUTER**（動画の内容に関する選択式の問題）は、インタビューの内容理解を徐々に深めていけるよう、あいだにテキスト講読をはさんで前後 2 部に分かれています。選択式なので、負担なく楽しみながら解くことができます。
- ・講読パート **LIRE ET COMPRENDRE** は、その課のテーマについてのコンパクトなテキストを読解していきます。語彙や社会背景についての註も付されています。
- ・各課には **EXERCICES** と **COMMUNICATION** が用意され、文法問題、および口頭での作文なども扱っています。

　本書は、オーラルはもちろん、それ以外のフランス語運用能力の養成にも適しています。授業は、テキスト通りの順でももちろんかまいませんが、授業のテーマや学生の興味に従って順番を入れ替えても、なんら支障はありません（FLE なら 2 年以降は十分使用可能です）。

　最後になりましたが、本書の制作にあたって、インタビューに快く答えてくれた若者たち、また、さまざまな貴重なアドバイスをくださった同僚の先生方、パイロット版を使ってくださった Tetsuro Daizen 先生、本書の録音を引き受けてくれた Georges Veyssière 先生、みなさんに感謝を捧げます。

著者一同

1 un / une   2 deux   3 trois   4 quatre   5 cinq

6 six   7 sept   8 huit   9 neuf   10 dix

11 onze   12 douze   13 treize   14 quatorze   15 quinze

16 seize   17 dix-sept   18 dix-huit   19 dix-neuf   20 vingt

21 vingt et un(e)   22 vingt-deux   23 vingt-trois   24 vingt-quatre   25 vingt-cinq

26 vingt-six   27 vingt-sept   28 vingt-huit   29 vingt-neuf   30 trente

31 trente et un(e)   32 trente-deux   [...] 39 trente-neuf   40 quarante

41 quarante et un(e)   42 quarante-deux   [...] 49 quarante-neuf   50 cinquante

51 cinquante et un(e)   52 cinquante-deux   [...] 59 cinquante-neuf   60 soixante

61 soixante et un(e)   62 soixante-deux   [...] 69 soixante-neuf   70 soixante-dix

71 soixante et onze   72 soixante-douze   [...] 79 soixante-dix-neuf   80 quatre-vingts

81 quatre-vingt-un(e)   82 quatre-vingt-deux   [...] 89 quatre-vingt-neuf   90 quatre-vingt-dix

91 quatre-vingt-onze   92 quatre-vingt-douze   [...] 99 quatre-vingt-dix-neuf   100 cent

101 cent un(e)   102 cent deux   [...] 199 cent quatre-vingt-dix-neuf   200 deux cents

201 deux cent un(e)   [...] 1000 mille

1001 mille un(e)   1789 mille sept cent quatre-vingt-neuf   2000 deux mille

2001 deux mille un(e)   2025 deux mille vingt-cinq   10 000 dix mille

100 000 cent mille   1 000 000 un million   10 000 000 dix millions

100 000 000 cent millions   1 000 000 000 un milliard   10 000 000 000 dix milliards

1 Français   : un Français

1 personne   : une personne

2,5 personnes   : deux virgule cinq personnes

1997   : mille neuf cent quatre-vingt dix-sept

2023   : deux mille vingt-trois

les 16-25 ans   : les seize vingt-cinq ans

les moins de 25 ans : les moins de vingt-cinq ans

les plus de 16 ans   : les plus de seize ans

1/4 des Français   : un quart des Français

1/3 des Français   : un tiers des Français

1/2 des Français   : la moitié des Français

    la majorité des Français = la plupart des Français

    beaucoup de Français = de nombreux Français

1%   : un pourcent   0,5%   : zéro virgule cinq pour cent

1 euro   : un euro   0,50 euros : cinquante centimes

296,80 euros   : deux cent quatre-vingt seize euros quatre-vingts

1ère année : première année   21ème siècle : vingt et unième siècle

28 m^2 : vingt-huit mètres carré

EXERCICES

04

Lisez à haute voix avec votre partenaire. クラスメイトと一緒に大きな声で読んでみましょう。

1. la Covid-19   2. 7,8 milliards d'habitants   3. les 16-18 ans

4. 21 ans   5. 671,34 euros   6. 2025

7. 45,7%   8. 2ème année   9. 300 000 euros

10. 0,05%

あなたはどんなSNSを利用していますか？

Quels réseaux sociaux utilisez-vous ?

動画はコチラ

Thème：Les réseaux sociaux　ソーシャル・ネットワーク

REGARDER ET ÉCOUTER 1

1 **Regardez la vidéo et complétez le tableau en vous aidant de la liste des professions.**
6人のインタビュー動画を見て表を完成させましょう。職業・身分は右のリストから選びましょう。

	prénom	âge	profession
1.	Raphaëlle	24 ans	×
2.	Florian		
3.	Salomé		
4.	Victor		
5.	Louis		
6.	Marie	×	

2 **Quels réseaux sociaux utilisent-ils ? Cochez les bonnes réponses.**

彼らはどんな SNS を利用しているでしょうか？　適当な欄にチェックを入れましょう。

	prénom	Instagram	Snapchat	Facebook (Messenger)	Twitter	TikTok
1.	Raphaëlle					
2.	Florian					
3.	Salomé					
4.	Victor					
5.	Louis					
6.	Marie					

3 MILLIONS D'ABONNÉS 〔05〕

Utilisez-vous les réseaux sociaux ? La « génération Z » des personnes nées après 1997 est aussi appelée la génération des « digital natives » : 94% d'entre eux consultent leur téléphone ou leur ordinateur au moins une fois par heure ! Les messages instantanés, les *posts*, les *likes* et les partages de photos ou de vidéos font partie de leur vie quotidienne. Instagram est le premier réseau social des jeunes Français de 16 à 25 ans, suivi par Snapchat et TikTok. TikTok est particulièrement populaire chez les 16-18 ans. Les jeunes se servent principalement des réseaux sociaux pour discuter avec des amis, se détendre ou s'informer. Ils utilisent des émojis et des abréviations comme « Mdr » pour « Mort de rire », « jsp » pour « je ne sais pas » ou « askip » pour « à ce qu'il paraît ».

Les influenceurs et les youtubeurs sont de vraies stars ! Sur YouTube, les vidéos humoristiques de Squeezie, Cyprien et Norman sont très appréciées par les jeunes. Sur Instagram, les influenceuses passionnées de mode et de maquillage ont le plus de succès. Connaissez-vous Léna Situations ? Elle a fait de la publicité pour des grandes marques comme Nike ou Adidas. Pendant la crise de la Covid-19 et le confinement, les jeunes ont passé beaucoup de temps sur les réseaux sociaux. Quelle était leur application préférée ? TikTok bien sûr ! Les stars françaises de TikTok sont variées : danseurs, sportifs, musiciens... Léa Elui est devenue la Française la plus connue sur les réseaux sociaux avec ses danses orientales. Le groupe Berywam, champion du monde de beatbox, a plus de 13 millions d'abonnés sur TikTok.

Cependant, l'utilisation excessive des réseaux sociaux présente des dangers comme le cyberharcèlement ou le manque de sommeil. Ainsi, TikTok a renforcé ses restrictions pour protéger les adolescents : les moins de 17 ans ne reçoivent plus de notifications après 22 heures. Et vous, quels réseaux sociaux préférez-vous ?

abonné, e (n)	: 登録者、フォロワー
au moins	: 少なくとも
une fois par heure	: 1時間に一度
post (m)	: 投稿（動詞は poster で「投稿する」）
like (m)	:「いいね」（ただしフランス語では j'aime と表示される）
font partie de 〜 < faire partie de 〜 : 〜の一部をなす	
se servent des réseaux sociaux < se servir de 〜 : 〜を利用する、使う	
émoji (m)	: 絵文字。émoji としてフランス語でも使われている。
abréviation (f)	: 略語、短縮（表記）
à ce qu'il paraît	:「〜らしい；〜と思われる」
apprécié(es) < apprécier 〜	: 〜を高く評価する
confinement (m)	: 外出制限、ロックダウン
cyberharcèlement (m)	: サイバーハラスメント
manque de sommeil	: 睡眠不足
notification (f)	: 通知

Lisez les propositions et dites si c'est vrai (V) ou faux (F). Puis, corrigez les propositions fausses. 以下の文を読み、テキストの内容と合っていれば V を、間違っていれば F を書き入れましょう。また、間違っている場合は、正しく直しましょう。

1. Les jeunes de la « génération Z » sont nés avant 1997.

2. Snapchat est le deuxième réseau social utilisé par les jeunes Français.

3. L'utilisation des émojis ne fait pas partie des habitudes des jeunes Français.

4. Berywam est un groupe de danseurs.

5. Un jeune de 18 ans peut recevoir des messages sur TikTok après 22 heures.

 **EXERCICES**

1 Soulignez les verbes pronominaux et écrivez leur infinitif.
各文に使われている代名動詞に下線を引き、カッコ内にその不定形を書き入れましょう。

1. Je me sers souvent de YouTube. (   )

2. Tu t'informes sur quels réseaux sociaux ? (   )

3. Vous vous couchez à quelle heure ? (   )

4. Le week-end, nous nous détendons à la maison. (   )

5. Elle se lève tôt le lundi matin. (   )

6. Ils se promènent en ville. (   )

2 Soulignez toutes les questions dans le texte et associez-les aux réponses.
テキスト内のすべての質問に下線を引き、与えられた答えと正しい組み合わせになるように書き入れましょう。

1. _____
   → Non, je ne la connais pas.

2. _____
   → C'est Facebook et TikTok que je préfère.

3. _____
   → Oui, j'utilise Line tous les jours !

4. _____
   → C'était TikTok.

3 Écrivez les questions en prenant comme exemple celles de l'exercice précédent.
問題**2**の質問文を参考にして、与えられた答えに合うような質問文を作って書き入れましょう。

1. _____
   → Léa Elui ? Oui, je la connais.

2. _____
   → C'est Squeezie et Cyprien que je préfère !

3. _____
   → Non, je n'utilise pas Facebook.

4. _____
   → Mon application préférée, c'est Instagram.

Regardez la vidéo et cochez les bonnes réponses.

6人のインタビュー動画を見て、正しい答えにチェックを入れましょう。

1. Raphaëlle utilise Instagram pour...

   ☐ a) passer le temps.   ☐ b) suivre des journalistes.   ☐ c) voir des photos.

2. Florian se sert d'Instagram et Twitter pour...

   ☐ a) communiquer avec ses amis.   ☐ b) s'informer.   ☐ c) passer le temps.

3. Pour Salomé, Facebook sert à...

   ☐ a) communiquer avec ses amis.   ☐ b) s'informer.   ☐ c) partager des photos.

4. Victor consulte Instagram pour suivre des comptes...

   ☐ a) de skateboard.   ☐ b) de musique.   ☐ c) de mode.

5. Louis consomme...

   ☐ a) peu de réseaux.   ☐ b) beaucoup de réseaux.   ☐ c) quelques réseaux.

6. Marie regarde Instagram pour...

   ☐ a) suivre l'actualité.   ☐ b) communiquer avec sa famille.   ☐ c) partager des photos.

COMMUNICATION

Interrogez vos camarades de classe et complétez le tableau.

Question : Quels réseaux sociaux utilisez-vous ? Pour quoi faire ?

クラスメイトはどんな SNS を利用しているでしょうか？　適当な欄にチェックを入れましょう。また、どんな目的で
利用しているでしょうか？

	prénom	Line	Facebook	Twitter	Instagram	TikTok	autre
1.							
2.							

LEÇON 2 今、どこに住んでますか？

Où habitez-vous en ce moment ?

Thème : Le logement　住宅事情

REGARDER ET ÉCOUTER 1

1 **Regardez la vidéo et complétez le tableau en vous aidant de la liste des professions.**
6人のインタビュー動画を見て表を完成させましょう。職業・身分は右のリストから選びましょう。

	prénom	âge	profession
1.	Adèle		
2.	Raphaëlle		×
3.	Émile		
4.	Agathe		
5.	Victor		
6.	Salomé		

```
  ┌── LES PROFESSIONS ─────────────────────────────────────────┐
  │                                                             │
  │   étudiant en école d'ingénieur          serveur dans un restaurant   │
  │                                                             │
  │   étudiante pour être professeur de SVT*    étudiante en journalisme   │
  │                                                             │
  │   étudiante en Master de communication                      │
  │                                                             │
  └─────────────────────────────────────────────────────────────┘
```

*SVT : sciences de la vie et de la Terre 生物・地学

2 Où et avec qui habitent-ils en ce moment ? Cochez les bonnes réponses.
彼らは、どこに、また誰と住んでいるでしょうか？　正しい答えにチェックを入れましょう。

	prénom	seul(e)	avec la famille	en colocation	dans un appartement	dans une maison
1.	Adèle					
2.	Raphaëlle					
3.	Émile					
4.	Agathe					
5.	Victor					
6.	Salomé					

TU M'INVITES CHEZ TOI ? 06

En France, environ 60% des étudiants vivaient chez leurs parents en 2019. En général, les jeunes sont encouragés à quitter le foyer familial après leur majorité à 18 ans. Ce départ est vu comme nécessaire pour apprendre à s'épanouir de manière autonome. Dans de nombreuses régions francophones comme la France, le Québec ou la Belgique, on appelle un jeune qui reste longtemps chez ses parents un « Tanguy », depuis le succès du film du même nom sorti en 2001. Dans cette comédie, Tanguy, un doctorant de 28 ans, ne comprend pas pourquoi il doit partir de la maison. Au Japon, il existe une expression similaire dont on se sert pour désigner ces célibataires qui vivent indéfiniment chez leurs parents : les « célibataires parasites ».

Il existe des allocations logement (APL ou aide personnalisée au logement) que les étudiants peuvent recevoir jusqu'à 258 euros par mois. Mais ces aides ne suffisent pas. Alors, les parents donnent en moyenne 510 euros par mois à leurs enfants qui vivent hors du domicile familial. En 2019, 57% des étudiants ont cherché un studio ou un T1. Leur budget moyen était de 500 euros par mois à Paris. C'est un peu cher pour habiter dans un petit logement qu'on appelle souvent une « cage à lapins ». La colocation est une solution plus économique et conviviale.

La France est un pays très centralisé autour de sa capitale où un quart de la population habite. À l'annonce du premier confinement en mars 2020, 30% des moins de 35 ans qui vivaient à Paris ont quitté leur appartement pour retourner chez leurs parents. La crise sanitaire a accentué la dépendance de la jeunesse française à leur famille. Beaucoup de jeunes n'ont pas pu trouver de travail ou l'ont perdu. Ils ont dû rentrer chez leurs parents et rejoindre les rangs de la « génération boomerang ». Cette expression désigne les jeunes qui ont quitté une fois le domicile familial puis revenus.

ils sont encouragés à quitter	：〈encourager 人 à inf.〉で「(人) に〜するよう励ます、勧める」。ここは受動態。
s'épanouir	：花が咲く；(比喩的に) (能力、可能性などが) 開花する。(心などが) 晴れやかになる、人生を楽しむ
de nombreuses régions francophones	：不定冠詞 des は、前置形容詞の前で de になる。
on appelle un jeune ... un « Tanguy »	：〈appeler +目的語+補語〉「〜を…と呼ぶ」
« Tanguy »	：2001 年の映画。28 歳になっても実家に留まるタンギーを描いた。また、2019 年公開の続編 *Tanguy, le retour* は、離婚後、娘とともに実家に戻ってきたタンギーを描く。
doctorant, e (n)	：博士号取得準備者
il existe 〜	：(非人称表現) 〜がある、存在する
T1	：部屋のタイプを示す表現。T は type、その後の数字は台所・浴室以外の部屋数を示す。
quart (m)	：4 分の 1
ont dû rentrer...	：dû < devoir。〈devoir + inf.〉で「〜しなければならない」

 VRAI OU FAUX

Lisez les propositions et dites si c'est vrai (V) ou faux (F). Puis, corrigez les propositions fausses. 以下の文を読み、テキストの内容と合っていれば V を、間違っていれば F を書き入れましょう。また、間違っている場合は、正しく直しましょう。

1. Un jeune qui vit avec sa famille pendant de longues années est appelé un « Tanguy ».

2. Le gouvernement français donne jusqu'à 258 euros par mois aux étudiants qui veulent louer un logement.

3. C'est moins cher mais moins sympa de vivre en colocation.

4. 70% des jeunes qui habitaient à Paris ne sont pas retournés dans leur famille pendant le confinement.

5. Les jeunes sont moins dépendants de leurs parents depuis la crise de la Covid-19.

 EXERCICES

1 Reliez les phrases.

正しい内容になるように、1 〜 4 に続く適当な語句を a 〜 d から選び、記号で答えましょう。

1. Il existe des allocations logement... （　　　）

2. 30% des moins de 35 ans... （　　　）

3. Au Japon, il existe une expression similaire... （　　　）

4. La France est un pays centralisé autour de Paris... （　　　）

 a. dont on se sert pour désigner ces gens.

 b. qui vivaient à Paris ont quitté leur appartement pendant le confinement.

 c. où un quart de la population habite.

 d. que les étudiants peuvent recevoir.

2 Complétez les phrases par un pronom relatif (que [qu'], qui, où, dont).

下線部に適当な関係代名詞 (que [qu'], qui, où, dont) を入れ、文を完成させましょう。

1. On appelle un jeune ＿＿＿＿＿＿ reste longtemps chez ses parents un « Tanguy ».

2. C'est un site Internet ＿＿＿＿＿＿ les étudiants se servent pour trouver un appartement.

3. Paris est une ville ＿＿＿＿＿＿ beaucoup d'étudiants habitent.

4. La colocation est une solution économique ＿＿＿＿＿＿ les étudiants choisissent souvent.

5. Le manque de logements est un problème ＿＿＿＿＿＿ on parle régulièrement.

6. Je loue un petit studio ＿＿＿＿＿＿ fait 18 m².

7. L'été est la saison ＿＿＿＿＿＿ les étudiants cherchent un logement en France.

8. Elle a une chambre dans un appartement ＿＿＿＿＿＿ elle partage avec deux amis.

Regardez la vidéo et cochez les bonnes réponses.
6人のインタビュー動画を見て、正しい答えにチェックを入れましょう。

1. Adèle aimerait...

   ☐ a) habiter seule. ☐ b) vivre en colocation. ☐ c) rester chez ses parents.

2. Raphaëlle est en colocation avec...

   ☐ a) une personne. ☐ b) 2 personnes. ☐ c) 3 personnes.

3. Émile habite seul parce que c'est...

   ☐ a) moins cher. ☐ b) mieux pour travailler. ☐ c) loin de son école.

4. Agathe pense que vivre chez ses parents, c'est compliqué pour...

   ☐ a) les horaires. ☐ b) l'argent. ☐ c) le travail.

5. Pour Victor, la colocation, c'est bien parce qu'il y a toujours quelqu'un...

   ☐ a) qui fait le ménage. ☐ b) avec qui discuter. ☐ c) avec qui étudier.

6. Salomé paie un loyer de...

   ☐ a) 470 euros. ☐ b) 480 euros. ☐ c) 490 euros.

💬 COMMUNICATION

Interrogez vos camarades de classe et complétez le tableau.
Question : Où habitez-vous ? Avec qui habitez-vous en ce moment ? C'est comment ?
クラスメイトはどこで、誰と、どんな風に住んでいるでしょうか？　質問し合って適当な欄にチェックを入れましょう。

	prénom	seul(e)	avec la famille	en colocation	dans un appartement	dans une maison
1.						
2.						

参考 : en résidence universitaire 大学寮に

ふだん地球のために何をしていますか？

Que faites-vous au quotidien pour la planète ?

Thème：L'écologie　エコロジー

REGARDER ET ÉCOUTER 1

1 **Regardez la vidéo et complétez le tableau en vous aidant de la liste des professions.**

6 人のインタビュー動画を見て表を完成させましょう。職業・身分は右のリストから選びましょう。

	prénom	âge	profession
1.	Sarah		
2.	Kilian		
3.	Rémy		
4.	Yasmine		
5.	Pauline		
6.	Maël		

```
┌─── LES PROFESSIONS ─────────────────────────────────────────────────┐
│                                                                      │
│     étudiant en info-com*              étudiant en écologie marine    │
│                                                                      │
│     étudiante en école d'avocat        étudiant en médecine          │
│                                                                      │
│     elle prépare l'école de la magistrature   étudiante en LEA**     │
│                                                                      │
└──────────────────────────────────────────────────────────────────────┘
```

*info-com : information et communication 情報コミュニケーション

**LEA : Langues Étrangères Appliquées 応用外国語

2 Que privilégient-ils et/ou à quoi font-ils attention pour la planète ? Cochez les bonnes réponses.

地球のために、彼らは何を大事にし、何に注意を払っているでしょうか？　適当な欄にチェックを入れましょう。

prénom		le tri sélectif	la mobilité douce	la réutilisation	la provenance des produits	son alimentation
1.	Sarah					
2.	Kilian					
3.	Rémy					
4.	Yasmine					
5.	Pauline					
6.	Maël					

UNE JEUNESSE ÉCOLO

L'écologie a fait partie d'un des grands thèmes de la campagne présidentielle de 2022. Les jeunes Français de la « génération climat » sont très concernés par l'avenir de la planète : les 18-24 ans sont 2 fois plus impliqués dans l'environnement que le reste de la population française. À l'origine, l'écologie était associée aux bobos, ces « bourgeois-bohèmes » plutôt aisés. Mais aujourd'hui, être « écolo », c'est aussi être plus économique. On peut faire attention à la consommation d'eau et d'électricité, faire du tri sélectif ou favoriser la mobilité douce comme la marche à pied, le vélo ou les rollers. On peut aussi acheter des meubles et des vêtements d'occasion, voyager sans prendre l'avion, privilégier les articles réutilisables ou éviter de consommer des produits qui viennent de loin. Certains fabriquent des produits faits maison, moins chers, sans emballages et meilleurs pour la santé. D'autres utilisent l'application de covoiturage Blablacar pour dépenser moins d'argent, moins de CO_2... et faire plus de rencontres !

La consommation de produits biologiques est devenue un acte de militantisme pour la jeunesse française : en 2019, plus de 70% des 18-34 ans en ont consommé régulièrement. En France, il y a un grand rayon « bio » dans tous les supermarchés. C'est donc facile d'en acheter même si le bio est un peu plus cher qu'un produit normal. 12% des 18-23 ans sont végétariens, et environ 50% disent pouvoir le devenir. Leur objectif est de diminuer la production de viande, très consommatrice en ressources naturelles et parfois peu respectueuse de l'environnement.

La France fait aussi la guerre contre le plastique. Depuis janvier 2021, les pailles et les couverts en plastique sont interdits. Pour réduire les déchets et le gaspillage, beaucoup de Français achètent des produits alimentaires en vrac mais aussi de la lessive ou des produits cosmétiques. Enfin, pour aller au supermarché, on prend son sac de courses réutilisable et ses propres emballages !

un des grands thèmes	: des は〈de + les〉の縮約形。un des ～「～の1つ」
« génération climat »	: 若者向けのプログラムで、気候変動や社会的不平等などに対する活動を支援している。
concerné(s) < concerner ～	: ～と関係を持つ、に関わりを持つ（ここは受動態）
bourgeois-bohèmes	: 一般に「都市に住み、高収入で、気楽に暮らす階層」とされる。
mobilité douce	: 環境に優しい移動手段のこと。
produits faits maison	: 自家製の製品。fait(s) は faire の過去分詞。maison の前に à la が省略されている。
sans emballages	: 包装なし
covoiturage（m）	: 相乗り。Blablacar はそのためのアプリ。
militantisme（m）	: 戦闘的態度
ressources naturelles	: 天然資源（cf. ressources humaines 人的資源）
en vrac	: ばら売りで、量り売りで（梱包していない状態を指す）

VRAI OU FAUX

Lisez les propositions et dites si c'est vrai (V) ou faux (F). Puis, corrigez les propositions fausses. 以下の文を読み、テキストの内容と合っていれば V を、間違っていれば F を書き入れましょう。また、間違っている場合は、正しく直しましょう。

1. La jeunesse française est très engagée pour l'environnement.

2. L'écologie ne permet pas de faire des économies.

3. Les jeunes ne font du covoiturage que pour des raisons écologiques.

4. Plus de la majorité des jeunes Français ont consommé du bio en 2019.

5. Un produit normal est moins cher qu'un produit bio.

1 **Complétez les phrases avec un comparatif. Attention à l'accord de l'adjectif.**
カッコ内に適当な比較表現を入れ、文を完成させましょう（形容詞の性・数一致に注意）。

1. J'achète (− →   ), je consomme (+ bien →   ) et je prends

   (− souvent →   ) l'avion qu'avant.

   私は以前より物を買わず、よりよく消費し、飛行機にもあまり乗らなくなった。

2. Le covoiturage permet de dépenser (− argent →   ),

   de consommer (− CO_2 →   ) et de faire (+ rencontres

   →   ) que la voiture individuelle.

   自動車の相乗りは、出費を抑え、CO_2 の消費を抑え、出会いを増やすことを可能にする。

3. Une banane bio est (+ cher →   ) qu'une banane normale mais

   elle est (+ bon →   ) pour la santé.

   有機のバナナは、通常のバナナより高いが、健康にはよりよい。

2 **Complétez les phrases avec un superlatif.**
カッコ内に適当な比較表現を入れ、文を完成させましょう（形容詞の性・数一致に注意）。

1. Je pense que l'avion est (   ) mais il est (   )

   de tous les moyens de transport. [rapide, écologique]

   飛行機は、すべての輸送手段のなかで最も速いが、最もエコロジーではない。

2. Quelle est (   ) solution écologique pour notre pays ? [bon]

   わたしたちの国にとってエコロジーについての最善策は何か。

3. Ma mère est très écolo. Elle connaît (   ) produits

   bio. En plus, elle prend toujours son sac de courses pour consommer

   (   ). [bon, plastique]

   私の母は環境にとても意識的だ。もっとも美味しいビオ製品を知っている。さらに、レジ袋をできるだけ消費しないよう、いつも買い物袋を持っていく。

Regardez la vidéo et cochez les bonnes réponses.
6人のインタビュー動画を見て、正しい答えにチェックを入れましょう。

1. Sarah privilégie les produits qui...

   ☐ a) sont bio.　　☐ b) ne viennent pas de loin.　　☐ c) ne sont pas en plastique.

2. Kilian essaie d'acheter moins de...

   ☐ a) vêtements.　　☐ b) viande.　　☐ c) bouteilles en plastique.

3. Tous les matins, Rémy va à l'université...

   ☐ a) à pied.　　☐ b) en train.　　☐ c) à vélo.

4. Yasmine achète des articles...

   ☐ a) naturels.　　☐ b) réutilisables.　　☐ c) d'origine française ou européenne.

5. Pauline aime beaucoup...

   ☐ a) marcher.　　☐ b) faire du vélo.　　☐ c) conduire.

6. Maël ne mange pas...

   ☐ a) de légumes.　　☐ b) d'animaux.　　☐ c) de fruits.

COMMUNICATION

Interrogez vos camarades de classe et complétez le tableau.
Question : Que faites-vous au quotidien pour la planète ?
クラスメイトは、ふだん地球のために何をしているでしょうか？　質問し合って書き入れましょう。

	prénom	Que fait-il (elle) au quotidien pour la planète ?
1.		
2.		

LEÇON 4

この頃、何を見たり聴いたりしてますか？

Que regardez-vous et qu'écoutez-vous en ce moment ?

Thème：L'audiovisuel　オーディオ・ビジュアル

REGARDER ET ÉCOUTER 1

1 **Regardez la vidéo et complétez le tableau en vous aidant de la liste des professions.**

6人のインタビュー動画を見て表を完成させましょう。職業・身分は右のリストから選びましょう。

prénom		âge	profession
1.	Anaïs		
2.	Corentin		
3.	Rémy		
4.	Mathilde		
5.	Thomas		
6.	Tanguy		

---- LES PROFESSIONS --

étudiant en Master de STAPS*   ingénieur

professeur de musique   étudiante en droit

étudiant en histoire   étudiante en communication

*STAPS : sciences et techniques des activités physiques et sportives 体育・スポーツ科学

2 **Que regardent-ils ? Qu'écoutent-ils en ce moment ? Cochez les bonnes réponses.**

この頃彼らは、どんなものを見たり、聴いたりしているでしょうか？　適当な欄にチェックを入れましょう。

prénom		il / elle regarde des films	il / elle regarde des séries	il / elle écoute du jazz	il / elle écoute de la variété française	il / elle écoute du rock	il / elle écoute du rap
1.	Anaïs						
2.	Corentin						
3.	Rémy						
4.	Mathilde						
5.	Thomas						
6.	Tanguy						

ON CONNAÎT LA CHANSON !

En France, les 15-25 ans passent environ 15 heures par semaine devant des écrans. Ils les utilisent pour se connecter aux réseaux sociaux, mais aussi pour regarder des films ou écouter de la musique. Les chanteurs francophones Jain, Lomepal, Angèle ou Lous and The Yakuza sont très appréciés. La jeunesse française aime aussi le rap et elle en écoute beaucoup. Leurs artistes préférés sont JuL, Niska, Nekfeu, Dadju, Soprano et… Aya Nakamura ! Vous la connaissez ? Cette jeune artiste d'origine malienne est devenue une héroïne pour les jeunes de tous milieux confondus. Les paroles et les sonorités du rap leur plaisent comme dans les chansons de PNL mais aussi les morceaux de slam de Grand Corps Malade. Les jeunes écoutent également de la variété française.

La Casa de Papel était la série télévisée la plus regardée des Français en 2020. Cette série espagnole est diffusée depuis 2017 sur Netflix. La série américaine *13 reasons why*, très prisée aussi, raconte les découvertes d'un lycéen après le suicide de son amie. Pour les films, les jeunes sont les principaux consommateurs de productions américaines en France. En 2021, le plus grand succès du box-office était *Mourir peut attendre*, le dernier James Bond, suivi par *Dune* de Denis Villeneuve. À la télévision, les jeunes aiment bien revoir des « classiques » comme *Intouchables* avec Omar Sy. Cet acteur est une vraie star tout comme Leïla Bekhti, Tahar Rahim ou encore Adèle Exarchopoulos.

Mais aujourd'hui, les héros des jeunes sont surtout sur les réseaux sociaux. Squeezie est le premier youtubeur français avec 17 millions d'abonnés sur sa chaîne. Il y partage des vidéos humoristiques et des défis. YouTube est également un moyen pour s'adresser directement au jeune public. En février 2021, le président Macron a lancé un défi à deux youtubeurs : réaliser une vidéo sur les gestes barrières et enregistrer 10 millions de vues. Le pari a été remporté en quelques dizaines d'heures !

On connaît la chanson !：映画『恋するシャンソン』(1997) の原題。監督はアラン・レネ。

se connecter aux réseaux sociaux < se connecter à ~：（ネットワークなど）に接
　　　　　続する

écouter de la musique：écouter は他動詞「〜を聞く」。de la は部分冠詞

... leur plaisent < ... plaire à 人：（…は）人の気に入る

La Casa de Papel：スペイン発の世界的大ヒットドラマ『ペーパーハウス』。2021年にシーズ
　　　　　ン5で完結。2022年には、韓国版『ペーパーハウス、コリア』も**Netflix**
　　　　　で配信開始。

Intouchables：『最強のふたり』(2011)。日本で公開された仏映画として、興行収入
　　　　　歴代1位。パリの中心に住む障害のある富豪と、パリ郊外の団地に住む
　　　　　セネガル系青年の交流を描く。

Leïla Bekhti：レイラ・ベクティ (1984〜)。アルジェリア系フランス人の人気女優。『きら
　　　　　きらしてる』(2010)、『虚空のレクイエム』(2012)、『ジ・エディ』(2020) など。

Tahar Rahim：タハール・ラヒム (1981〜)。アルジェリア系フランス人。レイラの夫でもある。
　　　　　代表作は『預言者』(2009)、『消えた声が、その名を呼ぶ』(2014) など。

Adèle Exarchopoulos：アデル・エグザルホプロス (1993〜)。『アデル、ブルーは熱い色』
　　　　　(2013) でパルム・ドールを受賞。

gestes barrières：「ジェスト・バリエール」。コロナ感染防止のジェスチャー

VRAI OU FAUX

Lisez les propositions et dites si c'est vrai (V) ou faux (F). Puis, corrigez les propositions fausses. 以下の文を読み、テキストの内容と合っていれば V を、間違っていれば F を書き入れましょう。また、間違っている場合は、正しく直しましょう。

1. Les jeunes Français n'écoutent pas beaucoup de rap.

2. L'artiste Grand Corps Malade fait du slam.

3. La série télévisée la plus regardée en France en 2020 était américaine.

4. Les jeunes Français ne regardent pas beaucoup de films américains.

5. Les réseaux sociaux permettent de faire passer des messages aux jeunes.

1 **Lisez le texte et cochez les mots que les pronoms remplacent.**
各文中に使われている代名詞は何を受けているでしょう。適当なものを選び、チェックを入れましょう。

1. Les jeunes _**les**_ utilisent pour se connecter aux réseaux sociaux.

   ☐ l'écran   ☐ les écrans   ☐ des écrans

2. La jeunesse française aime aussi le rap et elle _**en**_ écoute beaucoup.

   ☐ le rap   ☐ du rap   ☐ de rap

3. Vous _**la**_ connaissez ?

   ☐ à Aya Nakamura   ☐ d'Aya Nakamura   ☐ Aya Nakamura

4. Les paroles et les sonorités du rap _**leur**_ plaisent.

   ☐ aux jeunes   ☐ les jeunes   ☐ pour les jeunes

5. Squeezie _**y**_ partage des vidéos humoristiques et des défis.

   ☐ sa chaîne   ☐ à sa chaîne   ☐ sur sa chaîne

2 **Répondez aux questions en utilisant un pronom.**
代名詞を使って、各問に答えましょう。

1. Tu utilises les réseaux sociaux ?   → Oui, _____

2. Tu écoutes souvent du rap ?   → Oui, _____

3. Tu connais Grand Corps Malade ?   → Non, _____

4. Tu écris souvent à ton meilleur ami ?   → Oui, _____

5. Tu vas souvent sur Netflix ?   → Non, _____

6. Tu regardes des films sur Netflix ?

   → Non, _____

7. Tu regardes la série _La Casa de Papel_ ?   → Oui, _____

8. Ton compte Facebook plaît à tes amis ?   → Oui, il _____

9. Tu écoutes de la musique sur Spotify ?

   → Non, _____

10. Les chansons de PNL _te_ plaisent ?

   → Non, elles _____

Regardez la vidéo et cochez les bonnes réponses.
6人のインタビュー動画を見て、正しい答えにチェックを入れましょう。

1. En ce moment, Anaïs écoute...

   ☐ a) du rap anglais.　　☐ b) du rap américain.　　☐ c) du rap français.

2. Corentin écoute de la musique sur...

   ☐ a) Spotify.　　☐ b) iTunes.　　☐ c) Deezer.

3. Rémy écoute surtout...

   ☐ a) du classique et du rap.　　☐ b) du rock et du rap.　　☐ c) de l'électro et du rap.

4. En ce moment, Mathilde regarde une série...

   ☐ a) française.　　☐ b) italienne.　　☐ c) espagnole.

5. Thomas aime regarder...

   ☐ a) des films.　　☐ b) des séries.　　☐ c) des documentaires.

6. Tanguy regarde...

   ☐ a) des films d'amour.　　☐ b) des films d'action.　　☐ c) des films historiques.

COMMUNICATION

Interrogez vos camarades de classe et complétez le tableau.

Question : Que regardez-vous ? Qu'écoutez-vous en ce moment ?

クラスメイトは、この頃どんなものを見たり、聴いたりしているでしょうか？　質問し合って書き入れましょう。

	prénom	Que regarde-t-il (elle) ? Qu'écoute-t-il (elle) en ce moment ?
1.		
2.		

あなたの1か月の予算は？

Quel est votre budget mensuel ?

Thème：Le budget　お財布事情

REGARDER ET ÉCOUTER 1

1 **Regardez la vidéo et complétez le tableau en vous aidant de la liste des professions.**

6人のインタビュー動画を見て表を完成させましょう。職業・身分は右のリストから選びましょう。

	prénom	âge	profession
1.	Bruno (1)		
2.	Clara		
3.	Valentin		
4.	Sarah		
5.	Léna		
6.	Bruno (2)		

étudiante en Licence de lettres   étudiante en économie

étudiant en Licence d'histoire   étudiant en éco(nomie)

étudiant en journalisme

étudiante en Master de relations internationales

2 De quoi est composé leur budget mensuel ? Cochez les bonnes réponses.

彼らの1ヶ月の予算は、何によって構成されているでしょうか？　適当な欄にチェックを入れましょう。

prénom	l'aide des parents	les APL*	l'aide de l'État (bourse)	un job à l'année	un job saisonnier (l'été)
1. Bruno (1)					
2. Clara					
3. Valentin					
4. Sarah					
5. Léna					
6. Bruno (2)					

*APL : aide personnalisée au logement 個人向け住居費補助

LA GALÈRE DES FINS DE MOIS (09)

Pendant la crise de la Covid-19, les médias français ont beaucoup parlé de la précarité des jeunes. En effet, plus d'un étudiant sur trois a connu des difficultés financières durant cette période. Beaucoup de jeunes qui travaillaient avant la crise ont perdu leur travail. Pour les aider, le gouvernement a lancé différentes mesures : par exemple, le prix d'un repas au restaurant universitaire est passé de 3,30 euros à 1 euro. Mais ce problème n'est pas nouveau.

En France, le budget moyen des étudiants était de 635 euros par mois en 2021. L'alimentation et les dépenses de la vie quotidienne leur coûtaient environ 170 euros par mois. Les étudiants qui louent un logement peuvent recevoir jusqu'à 258 euros par mois d'APL. Pour gagner de l'argent, c'est très différent du Japon où les 15-24 ans travaillent deux fois plus que les Français du même âge. Chercher un « job étudiant » peut être très compliqué en France. Les étudiants qui travaillaient gagnaient en moyenne 728 euros par mois en 2021. Pour un premier job comme équipier chez McDonald's ou caissier chez Monoprix, ils reçoivent le salaire minimum, appelé le « SMIC » : 11,07 euros brut de l'heure. Ce n'est pas beaucoup. Ainsi, l'aide des parents, les APL et les bourses sont des ressources financières essentielles. Plus de 38% des étudiants étaient boursiers en 2020-2021.

Beaucoup de jeunes font des jobs saisonniers pendant les vacances scolaires. Gabriel et Louise, étudiants à Paris, font du babysitting et donnent des cours privés d'aide aux devoirs après l'université. L'année dernière, pendant les vacances, ils ont occupé des jobs saisonniers : ils étaient animateurs dans un club de vacances, ramasseurs de fruits et de légumes, serveurs ou encore moniteurs dans une station de ski. Ils étaient logés et nourris chez l'employeur. Ils ont pu voyager tout en gagnant de l'argent, mais les conditions et les horaires de travail étaient souvent difficiles.

VOCABULAIRE

précarité (f)	:（収入などの）不安定さ　cf. précaire（adj）不安定な、一時的な
un étudiant sur trois	: 3 人に 1 人の学生　cf. 24 heures sur 24
... leur coûtaient environ 170 euros	< ...coûter 〜 à 人：(…は) 人に〜の費用がかかる
job étudiant	: 学生アルバイト
SMIC	: salaire minimum interprofessionnel de croissance（業種間一律スライド制最低賃金）の略称
boursier, ère（n）	: 奨学生（← bourse）
jobs saisonniers	: 季節労働（ブドウ収穫など、特定の季節に発生する仕事）
cours privés d'aide aux devoirs	: 宿題を手伝う個人レッスン
animateurs dans un club de vacances	: リゾート・クラブの付き添い・盛り上げ役
moniteur, trice（n）	:（スポーツなどの）指導員、インストラクター
station de ski	: スキー場

VRAI OU FAUX

Lisez les propositions et dites si c'est vrai (V) ou faux (F). Puis, corrigez les propositions fausses. 以下の文を読み、テキストの内容と合っていれば V を、間違っていれば F を書き入れましょう。また、間違っている場合は、正しく直しましょう。

1. Pendant la crise sanitaire, plus d'un tiers des étudiants ont eu des problèmes financiers.

2. Un étudiant en France avait un budget de 635 euros par semaine en 2021.

3. Un étudiant dépense en moyenne 170 euros pour le loyer tous les mois.

4. En France, ce n'est pas évident pour un jeune de trouver un job.

5. Les petits boulots saisonniers sont toujours agréables et faciles.

EXERCICES

1 Conjuguez les verbes au passé composé.
カッコ内の動詞を直説法複合過去形にして、下線部に書き入れましょう。

1. L'année dernière, pendant les vacances, j'＿＿＿＿＿ des petits boulots saisonniers.［faire］

2. Cet été, je ＿＿＿＿＿ sur la Côte-d'Azur et j'＿＿＿＿＿ comme serveuse.［aller, travailler］

3. Cette année, Gabriel et Louise ＿＿＿＿＿ à Paris. Ils ＿＿＿＿＿ en vacances.［rester, ne pas partir］

4. Vous ＿＿＿＿＿ un job ? Vous ＿＿＿＿＿ les petites annonces sur Internet ?［trouver, regarder］

2 Conjuguez les verbes à l'imparfait.
カッコ内の動詞を直説法半過去形にして、下線部に書き入れましょう。

1. Pendant les vacances, Gabriel et Louise ＿＿＿＿＿ moniteurs de ski.［être］

2. Autrefois, nous ＿＿＿＿＿ chez nos grands-parents en été.［aller］

3. Tu ＿＿＿＿＿ un petit boulot au lycée ? Tu ＿＿＿＿＿ combien ?［faire, gagner］

4. Pendant la crise sanitaire, beaucoup de jeunes qui ＿＿＿＿＿ ont perdu leur emploi ?［travailler］

3 Conjuguez les verbes au passé composé ou à l'imparfait.
カッコ内の動詞を、直説法複合過去形か半過去形、どちらかふさわしい方にして、下線部に書き入れましょう（両方可能な場合もあります）。

Laure est étudiante à Aix-en-Provence. Avant, elle ＿＿＿＿＿ ［faire］ des jobs saisonniers pendant les vacances. Tous les ans, elle ＿＿＿＿＿ ［travailler］ comme serveuse en été et elle ＿＿＿＿＿ ［donner］ des cours de ski en hiver. Les conditions de travail n' ＿＿＿＿＿ ［être］ pas toujours faciles. Alors, cette année, elle ＿＿＿＿＿ ［décider］ de travailler près de chez elle. Pour trouver un job, elle ＿＿＿＿＿ ［regarder］ les petites annonces sur Internet. Après les cours à l'université, elle ＿＿＿＿＿ ［enseigner］ l'anglais à des enfants et le week-end, elle ＿＿＿＿＿ ［faire］ du babysitting. Elle ＿＿＿＿＿ ［économiser］ de l'argent pour partir en vacances.

Regardez la vidéo et cochez les bonnes réponses.
6 人のインタビュー動画を見て、正しい答えにチェックを入れましょう。

1. Pour le premier Bruno, les dépenses quotidiennes (loyer, nourriture, sorties) sont de...

    ☐ a) 150 euros par mois.   ☐ b) 400 euros par mois.   ☐ c) 550 euros par mois.

2. Avec son job étudiant à l'année, Clara gagne tous les mois...

    ☐ a) 400-500 euros.   ☐ b) 500-600 euros.   ☐ c) 600-700 euros.

3. Pour les courses et les sorties, Valentin dépense tous les mois...

    ☐ a) 150-200 euros.   ☐ b) 200-250 euros.   ☐ c) 250-300 euros.

4. Sarah a un budget mensuel de...

    ☐ a) 500 euros.   ☐ b) 600 euros.   ☐ c) 700 euros.

5. Léna dépense surtout pour......

    ☐ a) les vêtements.   ☐ b) les billets de train.   ☐ c) les sorties avec ses amis.

6. Par mois, le deuxième Bruno touche...

    ☐ a) 600 euros.   ☐ b) 700 euros.   ☐ c) 800 euros.

COMMUNICATION

Interrogez vos camarades de classe et complétez le tableau.
Question : Quel est votre budget mensuel ? De quoi est-il composé ? Quelles sont vos plus grandes dépenses ?
クラスメイトのひと月の予算はどれくらいでしょうか？　その内訳や、また何に一番お金を使っているのか、質問し合って書き入れましょう。

	prénom	Quel est son budget mensuel ?
1.		
2.		

LEÇON
6

日常生活で差別を感じていますか？

Ressentez-vous de la discrimination dans la vie quotidienne ?

Thème : La discrimination　差別

REGARDER ET ÉCOUTER 1

1 **Regardez la vidéo et complétez le tableau en vous aidant de la liste des professions.**
6人のインタビュー動画を見て表を完成させましょう。職業・身分は右のリストから選びましょう。

	prénom	âge	profession
1.	Yasmine		
2.	Jordan		
3.	Williams		
4.	Mora		
5.	Laure		
6.	Hugo		

--- LES PROFESSIONS ---

doctorant en chimie   étudiant en classe préparatoire de lettres

elle prépare un concours   étudiante en école de commerce

juriste en entreprise   chargée de mission « lutte contre les discriminations »

2 Quel(s) genre(s) de discrimination ressentent-ils dans la vie quotidienne ? Cochez les bonnes réponses.

日常生活において、彼らはどんな差別を感じているでしょうか？　適当な欄にチェックを入れましょう。

prénom	quel(s) genre(s) de discrimination ?			où ?			
	raciale	sexuelle	liée à l'orien-tation sexuelle	dans la rue	sur Internet	au travail	à l'école
1. Yasmine							
2. Jordan							
3. Williams							
4. Mora							
5. Laure							
6. Hugo							

BALANCE TON QUOI

Avez-vous entendu parler de l'affaire George Floyd ? Cet Afro-américain a été tué aux États-Unis suite à une interpellation policière en 2020. La France a son propre George Floyd. Il s'appelle Adama Traoré. Ce jeune de 24 ans, dont le père était originaire du Mali, est mort de la même façon en 2016. La mort de George Floyd a ravivé les protestations contre les violences policières racistes en France. Le monde du sport s'est également montré solidaire avec les victimes de discriminations raciales. En 2020, un match de football a été interrompu par des joueurs à Paris. Suite à une remarque raciste d'un arbitre, les joueurs du Paris Saint-Germain et d'Istanbul Basaksehir ont quitté le stade ensemble et ont refusé de jouer.

Les discriminations peuvent être raciales mais aussi sexuelles. Connaissez-vous le mouvement #MeToo ? Il a commencé aux États-Unis et s'est répandu dans le monde entier suite à l'affaire Weinstein. En 2017, le producteur américain Harvey Weinstein a été accusé d'agression sexuelle par plus de 80 femmes. En France, l'équivalent est le hashtag #balancetonporc. Il signifie « dénonce ton agresseur ». Ce mouvement a déclenché une grande libération de la parole des femmes. Presque toutes les utilisatrices de réseaux sociaux ont posté un texte qui témoignait une agression verbale ou subie. La chanteuse belge Angèle en a fait une chanson : *Balance ton quoi*.

En 2021, on a dénombré 113 féminicides en France, c'est-à-dire des femmes qui ont été tuées par leur conjoint ou leur ex-conjoint. Pendant la crise sanitaire, les violences conjugales ont augmenté car des femmes se sont retrouvées coincées chez elles avec des conjoints violents. À la fin des confinements en 2021, les villes étaient couvertes de grandes lettres noires sur fond blanc qui dénonçaient les agressions et les féminicides. Les femmes qui les collent sont appelées « les colleuses ». De nombreux problèmes ont été déclenchés et révélés partout dans le monde par la pandémie de la Covid-19.

affaire George Floyd：ジョージ・フロイド事件。2020年5月、ミネアポリスで、アフリカ
系アメリカ人のフロイド氏が、職務中の警官によって不当に殺害された事件。
BLM運動へつながった。

s'est montré solidaire < se montrer +形容詞：自分が〜であることを示す、〜な態度
を示す

victimes de discriminations raciales：人種差別の犠牲者

Paris Saint-Germain：パリ・サン＝ジェルマン。パリを拠点とする人気サッカー・チー
ム。 2020年12月、欧州CLにおけるイスタンブール・バシャクシェヒル
Istanbul Basaksehir との試合において、審判が行なった人種差別発言に
対し、両チームの選手がプレーの続行を拒否した。

a déclenché < déclencher：(〜) の止め装置を外す、始動させる (← dé + clenche
掛け金)

subi(e) < subir：(試練、侮辱など) を受ける、こうむる、耐え忍ぶ (ここでは過去分詞女性形)

Balance ton quoi：quoi はここでは「なにか、なんでも」というニュアンス

féminicide (m)：フェミサイド (「女性であることを理由とする意図的な殺害」とされる)

se sont retrouvées coincées < se retrouver +形容詞：(ある状態に) 戻る；突然陥る

couvert(es) 〜 < être couvert de 〜：「〜に覆われる」 (couvert < couvrir)

 VRAI OU FAUX

Lisez les propositions et dites si c'est vrai (V) ou faux (F). Puis, corrigez les propositions fausses. 以下の文を読み、テキストの内容と合っていれば V を、間違っていれば F を書き入れましょう。また、間違っている場合は、正しく直しましょう。

1. Adama Traoré est mort suite à une interpellation policière.

2. En 2020, un match a été interrompu à cause d'une remarque raciste d'un joueur.

3. Weinstein est le nom d'un producteur américain.

4. « Balance ton porc » est le titre d'une chanson.

5. On appelle « les colleuses » les femmes qui ont été victimes de féminicide.

 **EXERCICES**

1 **Réécrivez les phrases à la voix passive.**
各文を、受動態の文に書き換えましょう。

    1.   Le chat <u>mange</u> la souris.

          → La souris _____ par le chat.

    2.   Le chat <u>va manger</u> la souris.

          → La souris _____ par le chat.

    3.   Le chat <u>mangera</u> la souris.

          → La souris _____ par le chat.

    4.   Le chat <u>a mangé</u> la souris.

          → La souris _____ par le chat.

    5.   Le chat <u>mangeait</u> la souris.

          → La souris _____ par le chat.

2 **Réécrivez les phrases à la voix passive.**
各文を、受動態の文に書き換えましょう。

    1.   On <u>appelle</u> ces femmes « les colleuses ».

          → Ces femmes _____ « les colleuses ».

    2.   L'avenir de la planète <u>concerne</u> la « génération climat ».

          → La « génération climat » _____ par l'avenir de la planète.

    3.   La pandémie <u>va révéler</u> d'autres problèmes.

          → D'autres problèmes _____ par la pandémie.

    4.   Un policier <u>a tué</u> cet homme.

          → Cet homme _____ par un policier.

    5.   Les joueurs <u>ont interrompu</u> le match.

          → Le match _____ par les joueurs.

Regardez la vidéo et cochez les bonnes réponses.
6人のインタビュー動画を見て、正しい答えにチェックを入れましょう。

1. Au collège, Yasmine a subi de la discrimination de la part d'...

   ☐ a) un camarade de classe. ☐ b) un professeur. ☐ c) un ami.

2. Jordan pense que les mentalités...

   ☐ a) ont évolué. ☐ b) n'ont pas évolué. ☐ c) vont peut-être évoluer.

3. Williams reçoit des réflexions ou des insultes dans la rue mais aussi...

   ☐ a) au travail. ☐ b) sur les réseaux sociaux. ☐ c) à l'université.

4. Mora est française et ses parents viennent...

   ☐ a) d'Algérie. ☐ b) d'Afghanistan. ☐ c) d'Allemagne.

5. Laure voit beaucoup de propos sexistes...

   ☐ a) à la télévision. ☐ b) dans les journaux. ☐ c) sur les réseaux sociaux.

6. Hugo dit qu'il...

   ☐ a) ressent de la discrimination. ☐ b) ne ressent pas de discrimination.

   ☐ c) a des amis qui ont subi des discriminations.

💬 COMMUNICATION

Interrogez vos camarades de classe et complétez le tableau.
Question : Ressentez-vous de la discrimination dans la vie quotidienne ? Si oui, quel(s) genre(s) de discrimination ? クラスメイトは、日常生活で差別を感じているでしょうか？ もし感じているとすれば、それはどんな種類のものでしょう？ 質問し合って書き入れましょう。

	prénom	Ressent-il (elle) de la discrimination ?
1.		
2.		

LEÇON
7

空いている時間は何をしてますか？

Que faites-vous de votre temps libre ?

Thème : Les loisirs　余暇

REGARDER ET ÉCOUTER 1

1 **Regardez la vidéo et complétez le tableau en vous aidant de la liste des professions.**

6人のインタビュー動画を見て表を完成させましょう。職業・身分は右のリストから選びましょう。

	prénom	âge	profession
1.	Esteban		
2.	Olivier		
3.	Lorina		
4.	Camillo		
5.	Corentin		
6.	Bruno		

---- LES PROFESSIONS ----

étudiant en stage   étudiant en communication

étudiant en Licence d'histoire   pompier

ingénieur en recherche d'emploi   étudiant en droit

2 Que font-ils de leur temps libre ? Cochez les bonnes réponses.

彼らは空いている時間は何をしているでしょうか？　適当な欄にチェックを入れましょう。

prénom	sortir avec des amis	faire du sport	faire des soirées	se promener	lire	jouer aux jeux vidéo	regarder la télé
1. Esteban							
2. Olivier							
3. Lorina							
4. Camillo							
5. Corentin							
6. Bruno							

ON FAIT QUOI CE SOIR ?

Avant la crise sanitaire, la majorité des jeunes Français dépensaient le plus d'argent dans les sorties entre amis. Pendant les confinements et la fermeture des lieux publics entre mars 2020 et mai 2021, les sorties au restaurant ou au café ont le plus manqué aux jeunes. En effet, dès le collège, ils aiment aller au café avant ou après les cours. Avec une boisson, ils peuvent passer des heures en discutant sur la terrasse d'un bistrot ou au McDo. En France, les sorties au cinéma sont également très populaires : les jeunes y vont en moyenne 5 fois par an. Le prix moyen d'une place de cinéma est d'environ 7 euros et il existe des cartes d'abonnement illimité coûtant environ 18 euros par mois pour les moins de 26 ans.

En grandissant, les Français commencent à faire la fête. À l'université, on va à des soirées étudiantes dans des bars ou des boîtes de nuit le jeudi soir. Le samedi soir est aussi un moment important de la semaine pour s'amuser. On danse toute la nuit, on se défoule et on fait de nouvelles rencontres. Les jeunes se retrouvent aussi à la maison pour regarder un film ou un match de football. Ils jouent ensemble à des jeux vidéo comme *Minecraft*, *World of Warcraft* ou *Fifa* en buvant des bières. Enfin, ils achètent à manger au supermarché du coin et ils pique-niquent dans des parcs ou au bord de l'eau (la Seine à Paris).

Les vacances sont probablement une des plus grandes préoccupations des jeunes. En effet, les étudiants français ont de « grandes vacances » de juillet à début septembre. Certains économisent de l'argent en travaillant pendant l'été. D'autres retrouvent leurs amis : ils passent une ou plusieurs semaines ensemble au camping, chez quelqu'un ou dans un logement loué à la mer ou à la montagne. L'été est aussi la grande saison des festivals de musique où les jeunes campent à côté des scènes, les artistes se produisant pendant plusieurs jours.

VOCABULAIRE

~ont manqué aux jeunes < ~manquer à 人：	（～が）人に足りない；（～が）なくて（いなくて）人は寂しい、懐かしい
McDo（=McDonald's）	：マクドナルド
cartes d'abonnement illimité	：期間内なら無制限に映画が見られるパス
faire la fête	：（主に家族、友人などで）パーティーを開く
soirées étudiantes	：学生が開くパーティー
boîtes de nuit	：ナイトクラブ
se défoule < se défouler	：ストレス解消する、羽目を外す、はじける（← dé + fouler 押しつぶす）
des bières	：何杯ものビール
à manger	：食べ物（前に quelque chose を補って考える）
pique-niquent < pique-niquer	：ピクニックをする　cf. pique-nique（m）
Certains .... D'autres ...	：あるものは～、また他のものたちは～

 VRAI OU FAUX

Lisez les propositions et dites si c'est vrai (V) ou faux (F). Puis, corrigez les propositions fausses. 以下の文を読み、テキストの内容と合っていれば V を、間違っていれば F を書き入れましょう。また、間違っている場合は、正しく直しましょう。

1. Pendant les confinements, les jeunes avaient envie d'aller au restaurant et au café.

2. Tout le monde peut acheter une carte d'abonnement illimité à 18 euros pour aller au cinéma.

3. En général, les étudiants font la fête le samedi et le dimanche soir.

4. Les étudiants français ont environ deux mois de vacances en été.

5. Tous les étudiants partent en vacances en été.

 **EXERCICES**

1 **Remplacez la partie soulignée par un participe présent.**
下線部を現在分詞に書き換えましょう。

1. Il existe des cartes d'abonnement illimité <u>qui coûtent</u> environ 18 euros par mois.

   → Il existe des cartes d'abonnement illimité _____ environ 18 euros par mois.

2. Un jeune <u>qui habite</u> longtemps chez ses parents est appelé un « Tanguy ».

   → Un jeune _____ longtemps chez ses parents est appelé un « Tanguy ».

3. Il y a des artistes <u>qui se produisent</u> pendant plusieurs jours.

   → Il y a des artistes _____ pendant plusieurs jours.

4. <u>Comme je suis</u> écolo, je ne prends jamais l'avion.

   → _____ écolo, je ne prends jamais l'avion.

5. <u>Comme je ne fais pas</u> attention à ma santé, je suis toujours malade.

   → _____ attention à ma santé, je suis toujours malade.

2 **Remplacez la partie soulignée par un gérondif.**
下線部をジェロンディフに書き換えましょう。

1. Je regarde un match de foot et <u>je bois</u> des bières.

   → Je regarde un match de foot _____ des bières.

2. Les jeunes passent des heures au café <u>et ils discutent</u>.

   → Les jeunes passent des heures au café _____ .

3. Grâce au travail saisonnier, Gabriel et Louise ont voyagé <u>et ils ont gagné</u> de l'argent.

   → Grâce au travail saisonnier, Gabriel et Louise ont voyagé _____ de l'argent.

4. <u>Si tu travailles</u> cet été, tu pourras économiser de l'argent.

   → _____ cet été, tu pourras économiser de l'argent.

5. <u>Si vous prenez</u> ce médicament, vous serez en forme demain.

   → _____ ce médicament, vous serez en forme demain.

Regardez la vidéo et cochez les bonnes réponses.
6人のインタビュー動画を見て、正しい答えにチェックを入れましょう。

1. Quand il est libre, Esteban joue...

   ☐ a) au tennis.   ☐ b) au foot.   ☐ c) au rugby.

2. Olivier est un grand fan...

   ☐ a) de séries.   ☐ b) de mangas.   ☐ c) de foot.

3. Lorina fait du badminton, du surf et...

   ☐ a) du jogging.   ☐ b) de la natation.   ☐ c) du skate.

4. Camillo aime aussi faire...

   ☐ a) la cuisine.   ☐ b) du shopping.   ☐ c) de la musique.

5. Corentin aime bien sortir avec ses amis et aller...

   ☐ a) dans les bars.   ☐ b) en boîte.   ☐ c) au cinéma.

6. Bruno va de temps en temps...

   ☐ a) au restaurant.   ☐ b) en boîte.   ☐ c) au cinéma.

COMMUNICATION

Interrogez vos camarades de classe et complétez le tableau.
Question : Que faites-vous de votre temps libre ?
クラスメイトは空いている時間何をしているでしょうか？　質問し合って書き入れましょう。

	prénom	Que fait-il (elle) de son temps libre ?
1.		
2.		

LEÇON 8

一番最近買ったファッションアイテムは何ですか？

Quel est le dernier article de mode que vous avez acheté ?

Thème : La mode　ファッション

REGARDER ET ÉCOUTER 1

1 **Regardez la vidéo et complétez le tableau en vous aidant de la liste des professions.**
6人のインタビュー動画を見て表を完成させましょう。職業・身分は右のリストから選びましょう。

	prénom	âge	profession
1.	Clément		
2.	Sarah		
3.	Esteban		
4.	Mathilde		
5.	Antoine		
6.	Léna		

étudiante en biologie   étudiant en histoire

étudiante en Licence de lettres   danseuse

étudiant en école de commerce   étudiant en droit

2 **Quel est le dernier article de mode qu'ils ont acheté ? Où ? Complétez le tableau.**
彼らが一番最近買ったファッションアイテムは何でしょうか？　適当な欄にチェックを入れましょう。

	prénom	Quoi ?	Où ?			
			dans un magasin	sur Internet	dans une friperie	autre
1.	Clément	un sweat				
2.	Sarah	un short				
3.	Esteban					
4.	Mathilde	un T-shirt				
5.	Antoine					
6.	Léna					

VICTIMES DE LA MODE

Les 12-25 ans sont les premiers acheteurs de vêtements en France. Ils constituent un quart du marché de l'habillement alors qu'ils ne représentent que 15% de la population. Leur budget moyen consacré à l'achat de vêtements est d'environ 625 euros par an. Les articles bon marché et produits en masse par les grandes enseignes de fast-fashion comme Zara ou H&M ont beaucoup de succès. C'est contradictoire puisque les jeunes Français sont les premiers acteurs de la défense de l'environnement et l'industrie de fast-fashion est réputée pour son impact social et environnemental négatif. Ainsi, les jeunes sont souvent appelés les « victimes de la mode ».

Cependant, la tendance change. Avec la crise sanitaire, le budget des jeunes a beaucoup baissé. Parallèlement, les ventes sur Vinted ont explosé. Cette application permet de vendre et d'acheter des vêtements de seconde main. Elle fait partie des marques préférées des Millennials : un jeune sur quatre l'a utilisée au moins une fois en 2019. Ces chiffres continueront à augmenter après la crise sanitaire. Presque la majorité des jeunes font régulièrement du shopping en friperie. À l'été 2021, la mode était très décontractée : le T-shirt large, le pantalon taille haute, les sneakers et les lunettes de soleil étaient la tenue préférée des moins de 25 ans. En général, la génération Z aime les looks simples.

Jeanne Damas et Adenorah sont les icônes des adolescentes branchées. Elles représentent le style de la Parisienne moderne : elles sont filiformes, simples mais chics et pas trop maquillées. Chez les garçons, c'est le streetwear qui a le plus de succès : les baskets montantes blanches, le sweat à capuche et le jogging. Cette mode vient des skateurs et des rappeurs mais elle concerne toutes les catégories socioprofessionnelles. Bien qu'il s'agisse de la génération « no logo », les T-shirts affichent les marques Champion, Supreme, Lacoste, J'ADIOR... C'est décidemment une génération pleine de paradoxes qui continuera à nous surprendre.

habillement (m)	：衣料
alors que ～	：～なのに、であるのに
ne représentent que ～	：ne ... que ～（限定表現）～以外は…ない、…なのは～だけだ
articles bon marché	：安価な商品
grandes enseignes	：ビッグ・ブランド、大手
est réputé(e) pour < être réputé pour ～：～とみなされている	
impact social et environnemental négatif：社会や環境に対する否定的な影響	
friperie (f)	：古着、古着店
décontracté (adj)	：くつろいだ、リラックスした、ラフな
look (m)	：見かけ、スタイル（英語から）
filiforme (adj)	：（糸のように）細い、スレンダーな
baskets montantes blanches：ハイ・カットの白いバスケット・シューズ	
jogging (m)	：ジョギング；ジョギング・ウェア
socioprofessionnel (adj)：職業階層（職業を基準にした社会階層）に関わる	
bien que ～	：（接続法で）～であるが、～にもかかわらず
il s'agisse < s'agir	：il s'agit de ～で「～が問題だ、に関することである」s'agisse は s'agir の接続法現在

VRAI OU FAUX

Lisez les propositions et dites si c'est vrai (V) ou faux (F). Puis, corrigez les propositions fausses. 以下の文を読み、テキストの内容と合っていれば V を、間違っていれば F を書き入れましょう。また、間違っている場合は、正しく直しましょう。

1. Les jeunes dépensent en moyenne 625 euros par an en vêtements.

2. Sur Vinted, on peut trouver toutes sortes de produits d'occasion.

3. Beaucoup de jeunes achètent des articles de seconde main.

4. En 2021, les jeunes aimaient porter des vêtements très chics.

5. Le streetwear n'est porté que par les skateurs et les rappeurs.

1 Conjuguez les verbes au futur simple.
与えられた動詞を単純未来形に活用させましょう。

1. Tu _____ demain ? [travailler]

2. Ce week-end, j' _____ à Shibuya et je _____ du shopping. [aller, faire]

3. Ensuite, je _____ mes amis et nous _____ un café. [voir, prendre]

4. Ces chiffres _____ après la crise sanitaire. [augmenter]

5. La génération Z _____ à nous surprendre. [continuer]

6. L'année prochaine, le pantalon taille haute _____ du succès. [avoir]

7. Vous _____ en vacances cet été ? [partir]

2 Mettez en relief la partie soulignée.
例にならって、下線部を強調する文に書き換えましょう。

ex. <u>Le streetwear</u> a le plus de succès chez les garçons.

→ <u>C'est</u> le streetwear <u>qui</u> a le plus de succès chez les garçons.

1. Le streetwear a le plus de succès <u>chez les garçons</u>.

→ ---

2. <u>J'achète</u> des vêtements sur Vinted.

→ ---

3. J'achète <u>des vêtements</u> sur Vinted.

→ ---

4. J'achète des vêtements <u>sur Vinted</u>.

→ ---

Regardez la vidéo et cochez les bonnes réponses.
6 人のインタビュー動画を見て、正しい答えにチェックを入れましょう。

1. Tous les mois, pour acheter ses vêtements, Clément dépense...

   ☐ a) 30-40 euros.　　☐ b) 40-50 euros.　　☐ c) 50-60 euros.

2. Depuis la crise sanitaire, Sarah essaie d'acheter ses vêtements...

   ☐ a) sur Internet.　　☐ b) dans des friperies.　　☐ c) dans des boutiques.

3. Esteban achète beaucoup...

   ☐ a) sur Vinted.　　☐ b) dans des friperies.　　☐ c) dans des grands magasins.

4. Mathilde essaie d'acheter ses vêtements dans des friperies parce que c'est...

   ☐ a) plus diversifié.　　☐ b) moins cher.　　☐ c) plus éco-responsable.

5. Depuis 5 ans, Antoine n'achète que des vêtements...

   ☐ a) sur Internet.　　☐ b) de seconde main.　　☐ c) de fast-fashion.

6. Pour acheter ses vêtements, Léna a un budget mensuel d'environ...

   ☐ a) 100 euros.　　☐ b) 200 euros.　　☐ c) 300 euros.

COMMUNICATION

Interrogez vos camarades de classe et complétez le tableau.
Question : Quel est le dernier article de mode que vous avez acheté ?
クラスメイトが一番最近買ったファッションアイテムは何でしょうか？　質問し合って書き入れましょう。

prénom	Quel est le dernier article de mode acheté ?
1.	
2.	

パートナーに求めるものとして、一番大事なものは何ですか？

Qu'est-ce qui est le plus important chez un partenaire ?

Thème：L'amour　恋愛事情

REGARDER ET ÉCOUTER 1

1 **Regardez la vidéo et complétez le tableau en vous aidant de la liste des professions.**
6 人のインタビュー動画を見て表を完成させましょう。職業・身分は右のリストから選びましょう。

	prénom	âge	profession
1.	Mora		
2.	Williams		
3.	Léna		
4.	Julien		
5.	Karl		
6.	Capucine		

---- LES PROFESSIONS --

chargée de mission « lutte contre les discriminations »   bartender

étudiante en alternance*   il est en recherche d'emploi

juriste en entreprise   serveur dans un restaurant

----

*en alternance「交互に」。ここでは学業とインターンを交互に行う学生のこと。

2 **Qu'est-ce qui est le plus important chez un partenaire ? Cochez les bonnes réponses.**

彼らがパートナーに求めるものとして、一番大事なものは何でしょうか？　適当な欄にチェックを入れましょう。

	prénom	l'humour	le physique, le style	l'écoute, le dialogue	la gentillesse, la sincérité	avoir les mêmes centres d'intérêt
1.	Mora					
2.	Williams					
3.	Léna					
4.	Julien					
5.	Karl					
6.	Capucine					

DES PAPILLONS DANS LE VENTRE

Vous l'avez peut-être remarqué si vous êtes déjà allé(e) en France : les Français draguent souvent dans la rue. En réalité, la plupart des amoureux se rencontrent sur le lieu de travail. Beaucoup de couples se forment également après des soirées entre amis ou une autre forme de rencontre dans un lieu public. Avec le confinement et le télétravail, l'utilisation des applications de rencontres s'est répandue. Mais on n'en parle pas forcément à son entourage.

Les Français ont la réputation d'être « macho » et les Françaises d'être « fortes ». Alors, comment ça marche en couple ? Selon les applications de rencontres, le premier critère des femmes pour choisir un homme serait sa taille (plus d'un mètre 80), son attrait pour les voyages, puis son humour. Les hommes préfèreraient les femmes attirantes et sportives qui aiment faire la fête. Cependant, cela ne concerne que les rencontres en ligne, encore peu nombreuses pour former des couples durables en France.

Beaucoup de Français ne sont pas mariés. En France, il existe différentes formes d'union : le mariage, le Pacs et le concubinage. Le nombre de mariages décline. À l'inverse, on assiste à une augmentation du Pacs ou pacte civil de solidarité. Ce contrat était principalement destiné aux couples de même sexe avant la légalisation du mariage homosexuel en 2013. Il séduit les jeunes parce qu'il serait plus simple à conclure ou à rompre que le mariage. Le Pacs a tellement de succès aujourd'hui que le nombre des pacsés dépasserait celui des mariés dans les prochaines années. Le premier mariage se produit en moyenne à 32 ans pour les femmes et 33 ans pour les hommes. Mais il faut y ajouter les secondes unions. En France, environ une famille sur 10 est recomposée et ce type de famille continuerait à progresser. Ainsi, ce n'est pas rare d'avoir une belle-mère, des demi-frères ou 4 mamies !

 VOCABULAIRE

draguent < draguer	：ナンパする
lieu public	：パブリックな場所、誰でも利用できる場所（カフェ、バー、映画館、など）
applications de rencontres	：出会い系アプリ
entourage（m）	：周囲の人々（←entourer 囲む）
macho（adj）	：男性優位の考え方の（machisteの略） cf.machisme（m）男性優位の思想・態度など
en ligne	：オンライン上の
union（f）	：結合、合体；共同生活
Pacs	：pacte civil de solidarité（連帯市民協約）　この協約を結んでいる人は pacsé(e)と呼ばれる。
dépasserait < dépasser	：（〜を追い抜く）の条件法現在形で推測をあらわす。
recomposé(e) < recomposer	：〜を再構成する、組み立て直す（ここでは、カップルのどちらか、あるいは両方が再婚の場合などを指している）
continuerait < continuer	：（à +動詞原形で「〜し続ける」）の条件法現在形
mamie（f）	：おばあちゃん（= grand-mère） cf) papi（m）おじいちゃん（= grand-père）

 VRAI OU FAUX

Lisez les propositions et dites si c'est vrai (V) ou faux (F). Puis, corrigez les propositions fausses. 以下の文を読み、テキストの内容と合っていれば V を、間違っていれば F を書き入れましょう。また、間違っている場合は、正しく直しましょう。

---

1. En France, les couples se forment souvent sur le lieu de travail.

---

2. Sur les sites de rencontres, les femmes cherchent des hommes très grands qui aiment faire la fête.

---

3. Le Pacs ne concerne que les couples hétérosexuels.

---

4. En France, les couples homosexuels peuvent se marier depuis 2013.

---

5. En France, environ un couple sur 10 est pacsé.

 EXERCICES

1 Exprimez le doute en conjuguant le verbe souligné au conditionnel présent.
下線部の動詞を条件法に書き換え、疑問の余地・曖昧さをあらわしましょう。

1. Le premier critère des femmes pour choisir un homme <u>est</u> sa taille.

   → Le premier critère des femmes pour choisir un homme _____ sa taille.

2. Les hommes <u>préfèrent</u> les femmes attirantes et sportives.

   → Les hommes _____ les femmes attirantes et sportives.

3. Le nombre des pacsés <u>dépassera</u> celui des mariés.

   → Le nombre des pacsés _____ celui des mariés.

4. Les familles recomposées <u>continueront</u> à augmenter.

   → Les familles recomposées _____ à augmenter.

5. En t'inscrivant sur ce site, tu <u>feras</u> des rencontres !

   → En t'inscrivant sur ce site, tu _____ des rencontres !

6. En sortant plus souvent, vous <u>rencontrerez</u> quelqu'un.

   → En sortant plus souvent, vous _____ quelqu'un.

2 Réécrivez les phrases en remplaçant la partie soulignée par un pronom.
下線部を代名詞にして書き換えましょう。

1. Vous avez peut-être remarqué <u>que les Français draguent souvent</u>.

   → Vous _____ avez peut-être remarqué.

2. On ne parle pas forcément <u>de l'utilisation des sites de rencontres</u>.

   → On n' _____ parle pas forcément.

3. Il faut ajouter <u>à ces chiffres</u> les secondes unions.

   → Il faut _____ ajouter les secondes unions.

4. Je fais partie <u>de la génération Z</u>.

   → J' _____ fais partie.

5. Nous pouvons <u>nous pacser</u> en France.

   → Nous _____ pouvons en France.

Regardez la vidéo et cochez les bonnes réponses.
6人のインタビュー動画を見て、正しい答えにチェックを入れましょう。

1. Mora a rencontré son partenaire grâce à...

   ☐ a) une application de rencontres.   ☐ b) son travail.   ☐ c) un ami en commun.

2. Williams aimerait...

   ☐ a) se marier.   ☐ b) se pacser.   ☐ c) se séparer.

3. Léna est...

   ☐ a) mariée.   ☐ b) en couple.   ☐ c) célibataire.

4. Julien a rencontré son partenaire grâce à...

   ☐ a) une application de rencontres.   ☐ b) son travail.   ☐ c) un ami en commun.

5. Karl est en couple depuis...

   ☐ a) 4 mois.   ☐ b) 5 mois.   ☐ c) 6 mois.

6. Le partenaire de Capucine habite...

   ☐ a) à l'étranger.   ☐ b) avec elle.   ☐ c) dans une autre ville.

💬 COMMUNICATION

Interrogez vos camarades de classe et complétez le tableau.
Question : Qu'est-ce qui est le plus important chez un partenaire ?
クラスメイトがパートナーに求めるものとして、一番大事なものは何でしょうか？　質問し合って書き入れましょう。

	prénom	Qu'est-ce qui est le plus important chez un partenaire ?
1.		
2.		

あなたにとって理想的な仕事とは？

Quel est le travail idéal pour vous ?

Thème：La recherche d'emploi　仕事探し

REGARDER ET ÉCOUTER 1

1 Regardez la vidéo et complétez le tableau en vous aidant de la liste des professions.

6人のインタビュー動画を見て表を完成させましょう。職業・身分は右のリストから選びましょう。

	prénom	âge	profession
1.	Laure		
2.	Olivier		
3.	Achille		
4.	Lisa		
5.	Camillo		
6.	Lucie		

ingénieur en recherche d'emploi   étudiante en école de commerce

étudiant en Master économie appliquée   étudiant en stage

étudiante en histoire de l'art   étudiante en journalisme

2 **Quel est le travail idéal pour eux ? Cochez les bonnes réponses.**

彼らにとって理想的な仕事とはどんなものでしょうか？　適当な欄にチェックを入れましょう。

prénom	C'est un travail...					
	qui nous passionne	où on rencontre des gens	flexible / où on a le temps	qui permet de voyager	sans routine	rénumérateur
1. Laure						
2. Olivier						
3. Achille						
4. Lisa						
5. Camillo						
6. Lucie						

MÉTRO, BOULOT, DODO

En France, la plupart des étudiants font un Master. De plus, il n'existe pas de moment national de recherche d'emploi comme au Japon. Alors, quand les jeunes commencent-ils à chercher leur premier emploi ? Certains le trouvent avant l'obtention de leur diplôme. Ceux qui n'ont pas trouvé de travail font des stages ou une formation complémentaire. Bien qu'on fasse de longues études, ce n'est pas toujours facile d'obtenir un CDI (contrat de travail à durée indéterminée).

Un minimum d'expérience professionnelle est nécessaire pour qu'un étudiant puisse postuler un premier emploi. La majorité des jeunes font donc des stages de six mois pendant ou après leurs études. Pour ceux de plus de deux mois, le montant minimum de la gratification est de 3,90 euros de l'heure. Ce n'est pas beaucoup. Par conséquent, il y a des polémiques sur l'exploitation des stagiaires. À partir de 16 ans, un jeune souhaitant développer des compétences professionnelles pendant ses études peut suivre une formation en alternance. Les débouchés sont nombreux dans le secteur bancaire, l'assurance, l'automobile, l'informatique, l'agroalimentaire et la distribution.

Pour décrocher un travail ou un stage, il faut postuler en répondant tout au long de l'année à des offres d'emploi sur les sites de recrutement. En général, on rédige un CV et une lettre de motivation. Les Français utilisent souvent le réseau social professionnel LinkedIn pour chercher un travail. Avec la crise sanitaire, beaucoup de jeunes ont eu des difficultés à en trouver un. Pour séduire les entreprises, ils n'ont pas hésité à innover en partageant sur LinkedIn des CV en vidéo par exemple. Ensuite, il faut que les candidats passent un entretien d'embauche. Il n'y a pas de code vestimentaire en France. Ce n'est pas rare de passer un entretien en costume gris, en tailleur beige, en robe, en jean ou sans cravate. L'importance est accordée au confort, à l'image qu'on souhaite donner et à l'ambiance de l'entreprise.

 VOCABULAIRE

CDI	: contrat de travail à durée indéterminée「期間に制限のない労働契約」いわゆる正社員契約
stage (m)	: 実習、研修、インターンシップ
formation (f)	: 形成；育成、（職業）訓練
pour que ~	: （接続法で）～するために
postuler	: （職など）を志望する、志願する
montant (m)	: 合計、総額
gratification (f)	: 特別手当、ボーナス；（研修時に支払われる）手当
exploitation (f)	: 悪用；搾取
débouché (m)	: 出口；就職口
agroalimentaire (m)	: 農産物加工業
CV	: curriculum vitæ 履歴書
hésité < hésiter à +動詞原形	: （～するのを）ためらう
entretien d'embauche	: 採用面接
accordé(e)	: （à ~）～に合っている、調和している

 VRAI OU FAUX

Lisez les propositions et dites si c'est vrai (V) ou faux (F). Puis, corrigez les propositions fausses. 以下の文を読み、テキストの内容と合っていれば V を、間違っていれば F を書き入れましょう。また、間違っている場合は、正しく直しましょう。

1. Tous les étudiants français poursuivent leurs études jusqu'au Master.

2. La plupart des étudiants font des stages.

3. Un stage est toujours très bien rénuméré.

4. Pour postuler, il faut envoyer un CV et une lettre de motivation.

5. Le costume ou le tailleur n'est pas toujours obligatoire pour passer un entretien.

 EXERCICES

1 **Remplacez la partie soulignée par un pronom démonstratif pour éviter les répétitions.** 繰り返しを避けるよう、下線部を指示代名詞に書き換えましょう。

1. Certains étudiants trouvent leur premier travail tout de suite. <u>Les étudiants</u> qui n'ont pas trouvé de travail font des stages.

   → Certains étudiants trouvent leur premier travail tout de suite. ＿＿＿＿＿＿ qui n'ont pas trouvé de travail font des stages.

2. Pour mon CV, tu préfères cette photo-ci ou <u>cette photo</u>-là ?

   → Pour mon CV, tu préfères cette photo-ci ou ＿＿＿＿＿＿-là ?

3. Pour le stage de trois mois, tu seras payé 3,90 euros de l'heure. Pour <u>le stage</u> de six mois, ce sera 5 euros.

   → Pour le stage de trois mois, tu seras payé 3,90 euros de l'heure. Pour ＿＿＿＿＿＿ de six mois, ce sera 5 euros.

4. Tu cherches tes lunettes de soleil ? <u>Les lunettes</u> que tu as achetées hier ?

   → Tu cherches tes lunettes de soleil ? ＿＿＿＿＿＿ que tu as achetées hier ?

5. Le nombre des pacsés dépasserait <u>le nombre</u> des mariés.

   → Le nombre des pacsés dépasserait ＿＿＿＿＿＿ des mariés.

2 **Conjuguez les verbes au subjonctif présent.**
与えられた動詞を接続法に書き換えましょう。

1. Bien que les étudiants ＿＿＿＿＿＿ de longues études, ce n'est pas facile d'avoir un CDI. [faire]

2. Un minimum d'expérience professionnelle est nécessaire pour qu'un étudiant ＿＿＿＿＿＿ postuler un premier emploi. [pouvoir]

3. Ensuite, il faut que les candidats ＿＿＿＿＿＿ un entretien. [passer]

4. Bien qu'il ＿＿＿＿＿＿ de la génération « no logo », les jeunes aiment porter des vêtements de marque. [s'agir]

5. Les parents de Tanguy veulent qu'il ＿＿＿＿＿＿ de la maison. [partir]

Regardez la vidéo et cochez les bonnes réponses.
6人のインタビュー動画を見て、正しい答えにチェックを入れましょう。

1. Laure a déjà fait...

    ☐ a) 2 stages.   ☐ b) 3 stages.   ☐ c) 4 stages.

2. Olivier a fait un stage...

    ☐ a) en Allemagne.   ☐ b) en Pologne.   ☐ c) en Espagne.

3. Pour Achille, le travail idéal est un travail...

    ☐ a) utile.   ☐ b) facile.   ☐ c) flexible.

4. Lisa aimerait avoir un travail où il n'y a pas de...

    ☐ a) mobilité.   ☐ b) contrainte.   ☐ c) routine.

5. Pour Camillo, le travail idéal est un travail qui permet d'avoir...

    ☐ a) un bon salaire.   ☐ b) du temps.   ☐ c) des projets personnels.

6. Lucie pense que sa vision du travail est...

    ☐ a) réaliste.   ☐ b) idéaliste.   ☐ c) pessimiste.

💬 COMMUNICATION

Interrogez vos camarades de classe et complétez le tableau.
Question : Quel est le travail idéal pour vous ?
クラスメイトにとっての理想の仕事とはどんなものでしょうか？　質問し合って書き入れましょう。

	prénom	Quel est le travail idéal pour lui (elle) ?
1.		
2.		

BIBLIOGRAPHIE

LEÇON 1 : 3 MILLIONS D'ABONNÉS

ABRIAT, Sophie. « Fans et blasés, les 15-20 ans intimident les marques de luxe », Vice. Le 13 juin 2018. En ligne : https://www.vice.com/fr/article/593dqn/fans-et-blass-les-15-20-ans-intimident-les-marques-de-luxe (Consulté le 23 mars 2021)

AFP. « TikTok présente de nouvelles règles pour essayer de mieux protéger les adolescents », France Info. Le 18 août 2021. En ligne : https://www.francetvinfo.fr/internet/reseaux-sociaux/tiktok-presente-de-nouvelles-regles-pour-essayer-de-mieux-proteger-les-adolescents_4735807.html (Consulté le 23 mars 2021)

ASSELIN, Christophe. « TikTok en chiffres et statistiques en France et dans le Monde en 2021 », Digimind. Le 3 février 2021. En ligne : https://blog.digimind.com/fr/agences/tiktok-chiffres-et-statistiques-france-monde-2020 (Consulté le 23 mars 2021)

DELEAZ, Thibault. « L'incroyable progression de TikTok en 2020 », Le Point. Le 14 janvier 2021. En ligne : https://www.lepoint.fr/economie/l-incroyable-progression-de-tiktok-en-2020--14-01-2021-2409652_28.php (Consulté le 23 mars 2021)

DUNEAU, Clémence. « Le cyberharcèlement scolaire s'est complètement banalisé », Le Monde. Le 5 novembre 2020. En ligne : https://www.lemonde.fr/pixels/article/2020/11/05/le-cyberharcelement-scolaire-s-est-completement-banalise_6058665_4408996.html (Consulté le 23 mars 2021)

FAMIÉ-GALTIER, Héloïse. « Étude : l'usage des réseaux sociaux par la génération Z en 2022 », Le Blog du Modérateur. Le 3 février 2022. En ligne https://www.blogdumoderateur.com/etude-usage-reseaux-sociaux-generation-z-2022/ (Consulté le 4 août 2022)

NESI, Jacqueline. « The Impact of Social Media on Youth Mental Health », North Carolina Medical Journal. Mars 2020, 81 (2), pp.116-121. En ligne : https://www.ncmedicaljournal.com/content/81/2/116#:~:text=Studies%20have%20shown%20that%20higher,body%20image%20concerns%20%5B20%5D (Consulté le 23 mars 2021)

RAHMIL, David-Julien. « Top : quels sont les plus gros comptes français sur TikTok ? », La Dépêche du Net. Le 22 juillet 2022. En ligne : https://www.ladn.eu/media-mutants/reseaux-sociaux/classement-10-plus-gros-influenceurs-francais-tiktok/ (Consulté le 4 août 2022)

RAHMIL, David-Julien. « Classement : qui sont les 10 youtubeurs français les plus suivis ?», La Dépêche du Net. Le 29 juillet 2022. En ligne : https://www.ladn.eu/media-mutants/reseaux-sociaux/classement-plus-gros-youtubeurs-francais-meilleurs-videastes/ (Consulté le 4 août 2022)

LEÇON 2 : TU M'INVITES CHEZ TOI ?

BARROUX, Rémi. « La pandémie de Covid-19 a fait basculer 114 millions de personnes dans l'inactivité et le chômage », Le monde. Le 25 janvier 2020. En ligne : https://www.lemonde.fr/planete/article/2021/01/25/la-pandemie-de-covid-19-a-fait-basculer-114-millions-de-personnes-dans-l-inactivite-et-le-chomage_6067511_3244.html (Consulté le 12 septembre 2021)

CASTELL, Laura et al. « Les principales ressources des 18-24 ans », Insee Première. Le 20 juin 2016. En ligne : https://www.insee.fr/fr/statistiques/2019048#titre-bloc-4 (Consulté le 8 août 2022)

DABOVAL, Adeline. « Immobilier : le phénomène des «Tanguy» prend de l'ampleur », Le Parisien. Le 4 octobre 2019. En ligne : https://www.leparisien.fr/immobilier/immobilier-le-phenomene-des-tanguy-prend-de-l-ampleur-04-10-2019-8165793.php (Consulté le 7 août 2022)

FINGONNET, Thibault. « Calcul, simulation, critères, ce qu'il faut savoir sur les APL 2022 », outsurmesfinances.com. Le 2 août 2022.En ligne : https://www.toutsurmesfinances.com/immobilier/calcul-simulation-criteres-ce-qu-il-faut-savoir-sur-les-apl.html (Consulté le 7 août 2022)

GAVIRIA, Sandra. « La génération boomerang : devenir adulte autrement », SociologieS - Théories et recherches. Le 7 mars 2016. En ligne : http://journals.openedition.org/sociologies/5212 (Consulté le 25 janvier 2021)

LE GUELLEC, Gurvan. « 17 % des Parisiens ont fui la capitale à cause du Covid-19. Voici ce que cela dit d'eux », Le Nouvel Observateur. Le 27 mars 2020. En ligne : https://www.nouvelobs.com/confinement/20200327.OBS26656/17-des-parisiens-ont-fui-la-capitale-a-cause-du-covid-voici-ce-que-cela-dit-d-eux.html (Consulté le 22 février 2021)

LOCSERVICE. « 5 chiffres-clés sur le logement étudiant en France en 2018 ». En ligne : https://blog.locservice.fr/5-chiffres-logement-etudiant-france-2018-5003.html (Consulté le 22 février 2021)

MILLER, Marine. « On vit plus longtemps aux crochets de nos parents : la difficile autonomie des étudiants », Le Monde. Le 25 janvier 2020. En ligne : https://www.lemonde.fr/campus/article/2020/01/25/on-vit-plus-longtemps-aux-crochets-de-nos-parents-a-paris-la-difficile-conquete-d-autonomie-des-etudiants_6027171_4401467.html (Consulté le 22 février 2021)

LEÇON 3 : UNE JEUNESSE ÉCOLO

AGENCE BIO. « Baromètre de consommation et de perception des produits biologiques en France ». En ligne : https://www.agencebio.org/wp-content/uploads/2021/03/Rapport-de-resultats-Barometre_Agence-Bio_Spirit-Insight-Edition-2021_mars.pdf (Consulté le 13 septembre 2021)

AGENCE BIO. Les chiffres clé. En ligne : https://www.agencebio.org/vos-outils/les-chiffres-cles/ (Consulté le 12 septembre 2021).

IRIBARNEGARAY, Léa. « Une tendance forte chez les jeunes : le végétarisme, nouveau marqueur générationnel et social », Le Monde. Le 16 février 2021. En ligne : https://www.lemonde.fr/campus/article/2021/02/16/une-tendance-forte-chez-les-jeunes-le-vegetarisme-nouveau-marqueur-generationnel-et-social_6070070_4401467.html (Consulté le 13 septembre 2021)

MTATERRE. « Les jeunes inquiets face au changement climatique ». En ligne : https://www.mtaterre.fr/dossiers/lenvironnement-la-preoccupation-ndeg1-des-jeunes/les-jeunes-inquiets-face-au-changement (Consulté le 13 septembre 2021)

POLLONI, Camille. « Qui sont les bobos ? », Les Inrockuptibles. Le 9 avril 2010. En ligne : https://www.lesinrocks.com/actu/qui-sont-les-bobos-45018-09-04-2010/ (Consulté le 21 septembre 2021)

LEÇON 4 : ON CONNAÎT LA CHANSON !

AFP. « Quelles sont les séries les plus regardées en France en 2020 ? », Elle. Le 27 janvier 2021. En ligne : https://www.elle.fr/Loisirs/Series/Quelles-sont-les-series-les-plus-regardees-en-France-en-2020-3900196 (Consulté le 13 septembre 2021)

COLLET, Émeline. « Leur clip passe les 10 millions de vues : McFly et Carlito bientôt reçus à l'Elysée ! », Le Parisien. Le 23 février 2021. En ligne : https://www.leparisien.fr/culture-loisirs/leur-clip-passe-les-10-millions-de-vues-mcfly-et-carlito-bientot-recus-a-l-elysee-23-02-2021-8426039.php (Consulté le 12 septembre 2021)

GONCALVES, Julien. « Aya Nakamura : "Djadja" numéro un aux Pays-Bas, une première depuis Edith Piaf », Charts in France. Le 25 août 2018. En ligne : http://www.chartsinfrance.net/Aya-Nakamura/news-107824.html (Consulté le 13 septembre 2021)

MEFFRE, Benjamin. « Box-office France : les 50 plus gros succès de 2021 » Pure Média. Le 23 décembre 2021. En ligne : https://www.ozap.com/actu/box-office-france-les-50-plus-gros-succes-de-2021/611724

PAPAUX Sven. « D'excellents chiffres pour la seconde saison de 13 Reasons Why », The Apologist. Le 1er juin 2018. En ligne : https://theapologistmag.com/dexcellents-chiffres-pour-la-seconde-saison-de-13-reasons-why/ (Consulté le 13 septembre 2021)

RAHMIL, David-Julien. « Classement : qui sont les 10 youtubeurs français les plus suivis ?», La Dépêche du Net. Le 29 juillet 2022. En ligne : https://www.ladn.eu/media-mutants/reseaux-sociaux/classement-plus-gros-youtubeurs-francais-meilleurs-videastes/ (Consulté le 4 août 2022)

LEÇON 5 : LA GALÈRE DES FINS DE MOIS

CHESNEL, Sandrine. « Un budget de 635 euros : les dépenses et revenus des étudiants français », Le Parisien. Le 12 mars 2021. En ligne : http://etudiant.aujourdhui.fr/etudiant/info/un-budget-de-635-euros-les-depenses-et-revenus-des-etudiants-francais.html (Consulté le 13 août 2022)

FINGONNET, Thibault. « Calcul, simulation, critères, ce qu'il faut savoir sur les APL 2022 », outsurmesfinances.com. Le 2 août 2022.En ligne : https://www.toutsurmesfinances.com/immobilier/calcul-simulation-criteres-ce-qu-il-faut-savoir-sur-les-apl.html (Consulté le 7 août 2022)

PREMIER MINISTRE. Smic (salaire minimum de croissance). En ligne : https://www.service-public.fr/particuliers/vosdroits/F2300 (Consulté le 13 août 2022)

MINISTÈRE DE L'ENSEIGNEMENT SUPÉRIEUR, DE LA RECHERCHE ET DE L'INNOVATION. « Les boursiers sur critères sociaux en 2020-2021, » Note Flash du SIES n°20. Septembre 2021. En ligne : https://www.enseignementsup-recherche.gouv.fr/sites/default/files/2021-09/nf-sies-2021-20-12998.pdf (Consulté le 13 août 2022)

LEÇON 6 : BALANCE TON QUOI

GRATIAN, Paul. « 113 féminicides ont été recensés en France en 2021 et déjà deux en 2022, » Ouest France. En ligne : https://www.ouest-france.fr/faits-divers/feminicide/113-feminicides-ont-ete-recenses-en-france-en-2021-e0295856-6ae4-11ec-8a2c-3a25de105c9b (Consulté le 14 août 2022)

MARTEL, Clément. « 2020, l'année où les footballeurs se sont élevés contre le racisme », Le Monde. Le 14 janvier 2021. En ligne : https://www.lemonde.fr/idees/article/2021/01/14/2020-l-annee-ou-les-footballeurs-se-sont-eleves-contreracisme_6066205_3232.html (Consulté le 13 septembre 2021)

TAKAHASHI, Ryusei. « Black Lives Matter spreads to Tokyo as 3,500 people march to protest racism », The Japan Times. Le14 juin 2020. En ligne : https://www.japantimes.co.jp/news/2020/06/14/national/black-lives-matter-spreads-tokyo-2000-people-march-protest-racism/ (Consulté le 13 septembre 2021)

LEÇON 7 : ON FAIT QUOI CE SOIR ?

AFP. « 'Moins cher qu'une auberge de jeunesse' : des vacances subventionnées pour les précaires », Le Figaro. Le 25 juillet 2020. En ligne :

https://www.lefigaro.fr/flash-eco/moins-cher-qu-une-auberge-de-jeunesse-des-vacances-subventionnees-pour-les-precaires-20200725 (Consulté le 26 septembre 2020)

BAILLER, Julie et al. « De spectateurs à créateurs : multiplicité des pratiques culturelles et artistiques des jeunes ». INJEP. Le 27 novembre 2019. En ligne : https://injep.fr/publication/de-spectateurs-a-createurs-multiplicite-des-pratiques-culturelles-et-artistiques-des-jeunes/ (Consulté le 13 septembre 2021)

CASTELL, Laura. PORTELA, Mickaël. RIVALIN, Raphaëlle. « Les principales ressources des 18-24 ans ». Insee. Le 20 juin 2016. En ligne : https://www.insee.fr/fr/statistiques/2019048 (Consulté le 13 septembre 2021)

CNC. Bilan 2019. Les dossiers du CNC. n°342. Mai 2019. En ligne : https://www.cnc.fr/documents/36995/1118512/Bilan+2019+du+CNC.pdf/406786cb-2610-8134-1c85-c17424116365 (Consulté le 13 septembre 2021)

CNC. Bilan 2021.n°345. Mai 2022. En ligne : https://www.cnc.fr/documents/36995/153434/Bilan+2021+du+CNC.pdf/3edd721d-9548-c999-805d-de553e4a3e2c?t=1652987241591 (Consulté le 15 août 2022)

PASTEZEUR, Céline. « Cinémas, restaurants, quels sont les loisirs qui manquent le plus aux jeunes Français ? », Air of Melty. Le 15 mars 2021. En ligne : https://www.airofmelty.fr/cinemas-restaurants-quels-sont-les-loisirs-qui-manquent-le-plus-aux-jeunes-francais-a752298.html (Consulté le 13 septembre 2021)

LEÇON 8 : VICTIMES DE LA MODE

MINVIEILLE, Gildas. « Junior generation - la mode des 15/25 ans ». Institut Français de la Mode. Janvier 2012. En ligne : https://www.ifmparis.fr/fr/etudes-et-chiffres-cles/junior-generation-la-mode-des-15-25-ans (Consulté le 13 septembre 2021)

PASTEZEUR, Claire. « Fast Fashion ou mode éthique, comment les Millennials ont-ils consommé la mode en 2019 ? », Air of Melty. Le 30 janvier 2020. En ligne : https://www.airofmelty.fr/fast-fashion-ou-mode-ethique-comment-les-millennials-ont-ils-consomme-la-mode-en-2019-a707441.html (Consulté le 13 septembre 2021)

PASTEZEUR, Claire. « La Génération Z plus que jamais sensible à la mode durable ? », Air of Melty. Le 20 août 2021. En ligne : https://www.airofmelty.fr/la-generation-z-plus-que-jamais-sensible-a-la-mode-durable-a769915.html (Consulté le 13 septembre 2021).

LEÇON 9 : DES PAPILLONS DANS LE VENTRE

BERGSTRÖM, Marie. « Sites de rencontres : qui les utilise en France ? Qui y trouve son conjoint ? », Population & Sociétés. vol. 530, no. 2. 2016. En ligne : https://www.cairn.info/revue-population-et-societes-2016-2-page-1.htm (Consulté le 28 septembre 2021)

CENTRE D'OBSERVATION DE LA SOCIÉTÉ. « Recompositions familiales : le début d'une stabilisation ? » En ligne : http://www.observationsociete.fr/structures-familiales/familles/familles-recomposees.html (Consulté le 05/10/2021)

H., Chloé. « Quels sont les critères en amour et sur Tinder ? », INSHINYTEE. Le 31 décembre 2019. En ligne : https://inshinytee.fr/blogs/actus-lifestyle/criteres-exigences-amour-tinder (Consulté le 29 septembre 2021)

INJEP. « Les chiffres clés 2021 de la jeunesse » En ligne : https://injep.fr/wp-content/uploads/2021/03/CHIFFRES-CLES-JEUNESSE-2021.pdf (Consulté le 27 août 2021)

INSEE. « Bilan démographique 2020 – chiffres détaillés ». En ligne : https://www.insee.fr/fr/statistiques/5007696?sommaire=5007726#titre-bloc-7 (Consulté le 29 septembre 2021)

SEMERARO, Jean-Victor. « Bientôt autant de pacsés que de mariés en France ? », Capital. Le 14 janvier 2020. En ligne : https://www.capital.fr/votre-argent/bientot-autant-de-pacses-que-de-maries-en-france-1359622 (Consulté le 5 octobre 2021)

LEÇON 10 : MÉTRO, BOULOT, DODO

DE TARLÉ, Sophie. « Selon une étude, même les diplômés bac +5 peinent à trouver un emploi », Le Figaro étudiant. Le 14 janvier 2021. En ligne : https://etudiant.lefigaro.fr/article/selon-une-etude-meme-les-diplomes-bac-5-peinent-a-trouver-un-emploi_418ac1ea-558b-11eb-b1e6-ba1deb249d44/ (Consulté le 13 septembre 2021)

INSEE, « Insertion professionnelle dans France, portrait social ». En ligne : https://www.insee.fr/fr/statistiques/4797590?sommaire=4928952 (Consulté le 30 mars 2021)

RIVAIS, Raphaëlle. « Cherche stagiaire non payé pour travailler de 5 heures à 23 heures », Le Monde. Le 11 mai 2013. En ligne : https://www.lemonde.fr/vie-quotidienne/article/2013/05/11/cherche-stagiaire-non-paye-pour-travailler-de-5heures-a-23-heures_6003537_5057666.html (Consulté le 12 septembre 2021)

STUDYRAMA EMPLOI. « Le salaire annuel des jeunes diplômés en France est de... » En ligne : https://www.studyrama-emploi.com/home_article.php?id=9367 (Consulté le 13 septembre 2020)

著者紹介
レナ・ジュンタ（Léna Giunta）
早稲田大学、慶應義塾大学、日本女子大学非常勤講師
著書:教科書に『ぜんぶ話して！』（共著、白水社）、参考書に『ハートにビビッとフランス語』『清岡＆レナ式フランス語初級卒業講座』（共著、ともに NHK 出版）がある。

清岡智比古
明治大学理工学部教授
著書:教科書に『ル・フランセ・クレール』『ボンボン・ショコラ』（白水社）、『ぜんぶ話して！』（共著、白水社）、参考書に『フラ語入門、わかりやすいにもホドがある！』『フラ語動詞、こんなにわかっていいかしら？』『フラ語ボキャブラ、単語王とはおこがましい！』『フラ語問題集、なんか楽しいかも！』（以上、白水社）、『ハートにビビッとフランス語』『清岡＆レナ式フランス語初級卒業講座』（共著、ともに NHK 出版）、著書に『パリ移民映画』（白水社）などがある。

オリヴィア・ボワセル（Olivia Boissel）
学校法人ユナイテッド・ワールド・カレッジ ISAK ジャパン勤務。フランス語教師、翻訳者

クワ・ドゥ・ヌフ？　Z世代のリアル・フランス

2023 年 2 月 10 日　第 1 刷発行
2024 年 3 月 10 日　第 2 刷発行

レ ナ・ジュンタ
著　者 © 清 岡 智 比 古
オリヴィア・ボワセル

発行者　岩 堀 雅 己
印刷所　壮栄企画株式会社

101-0052 東京都千代田区神田小川町 3 の 24
電話 03-3291-7811（営業部）, 7821（編集部）
発行所　www.hakusuisha.co.jp　　株式会社　白水社
乱丁・落丁本は送料小社負担にてお取り替えいたします。

振替 00190-5-33228　　Printed in Japan　　誠製本株式会社

ISBN 978-4-560-06152-7